NLP *The Association for Natural Language Processing*

実践・自然言語処理シリーズ

一般社団法人 言語処理学会　編

編集委員：
佐藤理史・菊井玄一郎・関根　聡
山本和英・乾健太郎・森　辰則

第2巻　形態素解析の理論と実装

工藤 拓 著

近代科学社

◆ 読者の皆さまへ ◆

平素より，小社の出版物をご愛読くださいまして，まことに有り難うございます．

㈱近代科学社は 1959 年の創立以来，微力ながら出版の立場から科学・工学の発展に寄与すべく尽力してきております．それも，ひとえに皆さまの温かいご支援があってのものと存じ，ここに衷心より御礼申し上げます．

なお，小社では，全出版物に対して HCD（人間中心設計）のコンセプトに基づき，そのユーザビリティを追求しております．本書を通じまして何かお気づきの事柄がございましたら，ぜひ以下の「お問合せ先」までご一報くださいますよう，お願いいたします．

お問合せ先：reader@kindaikagaku.co.jp

なお，本書の制作には，以下が各プロセスに関与いたしました：

- 企画：小山　透
- 編集：高山哲司，安原悦子
- 組版：加藤文明社（LaTeX）
- 印刷：加藤文明社
- 製本：加藤文明社（PUR）
- 資材管理：加藤文明社
- カバー・表紙デザイン：川崎デザイン
- 広報宣伝・営業：山口幸治，東條風太

本書に記載されている会社名・製品名等は，一般に各社の登録商標または商標です．本文中の ⓒ，Ⓡ，™ 等の表示は省略しています．

- 本書の複製権・翻訳権・譲渡権は株式会社近代科学社が保有します．
- JCOPY 〈(社)出版者著作権管理機構 委託出版物〉
本書の無断複写は著作権法上での例外を除き禁じられています．
複写される場合は，そのつど事前に(社)出版者著作権管理機構
（電話 03-3513-6969，FAX 03-3513-6979，e-mail: info@jcopy.or.jp）の許諾を得てください．

NLP The Association for Natural Language Processing

実践・自然言語処理シリーズ

一般社団法人 言語処理学会 編

編集委員：
佐藤理史・菊井玄一郎・関根 聡
山本和英・乾健太郎・森 辰則

第2巻

形態素解析の理論と実装

工藤 拓 著

近代科学社

実践・自然言語処理シリーズ
刊行にあたって

　現在の情報社会において，コンピュータ・アプリケーション（アプリ）やそれらによって実現されるサービスの多くは，なんらかの形で，日本語や英語で書かれたデータ，すなわち**自然言語データ**を扱っています．たとえば，Google に代表されるウェブ検索では，入力キーワードは自然言語データで，検索対象となるウェブページの大半も自然言語データです．Apple の Siri に代表される秘書機能アプリの入力インタフェースは音声ですが，システムの内部では，入力音声をテキストに変換し，そのテキストを処理しています．具体的には，ユーザーの要求をテキストから引き出し，その要求に合った情報を探し，得られた情報をテキスト形式の回答にまとめ，最後に音声に変換して出力します．自然言語データを巧みに処理するための技術である**自然言語処理技術**は，知的なアプリやサービスを実現する必須の技術となりつつあります．

　本シリーズでは，
- どのようなシステムで，どのような自然言語処理技術が使われているか
- 自然言語処理技術によって，どのようなシステムが実現可能か
- 自然言語処理技術は，社会とどのようにつながっているか

といった疑問に答えることを念頭に，自然言語処理を使ったアプリやサービスを作るという観点に立って，それらを実現するための理論や技術，および，実装に関するノウハウを示します．このような方針に基づき，本シリーズでは原則として，まず具体的なシステムや応用例を示し，次にそれらに関する理論や技術，実装のノウハウを示すという，普通とは逆の構成を採用します．

　本シリーズが主な読者として想定しているのは，自然言語処理を使ったアプリやサービスの実現を目指す技術者や開発者です．自然言語処理の研究者や技術者を志す学生，あるいは，メディア関連分野の技術者・開発者にとっても，実践的に役立つ情報が書かれています．

　「ことば＝自然言語」は，我々の知的活動と密接に結びついています．「ことば」を攻略することが，人間の知的活動を支援するシステムの実現の鍵であると言っても過言ではありません．本シリーズが，より知的な新しいアプリやサービスを考えるヒントとなることを願ってやみません．

言語処理学会「実践・自然言語処理」編集委員会

まえがき

　近年，日本語で書かれた電子テキストの流通量が飛躍的に増え，それらのテキストを対象とした検索・集積・分類・知識獲得といった応用が研究，産業を問わず注目されています．形態素解析は，分かち書きされていない日本語テキストから単語（形態素）を認識する技術であり，上記の応用のみならず，日本語を対象としたありとあらゆる応用に必要不可欠な基盤技術です．自然言語処理を専門としていない技術者でも，既存の形態素解析器を動かしてみたり，実際のサービスで使っている方も多いのではないでしょうか．

　昨今の人工知能ブームも相まって，形態素解析へのニーズが急速に進展しているのとは対照的に，技術者向けに形態素解析の理論や実装方法を網羅的，組織的に解説した書物は，意外に少ないようです．形態素解析は，自然言語処理の一要素技術にすぎず，教科書等で取り上げられるとしても，数ページ程度で，おおまかな仕組みは理解できても，実応用に耐えうるシステムを構築するには内容的に十分とはいえませんでした．

　本書は，日本語形態素解析の理論と実装について解説した挑戦的な技術書です．既存の教科書と差別化するために，教科書や論文等ではこれまで扱われていなかった実装や高速化に関するトピックをできる限り網羅するように配慮しました．形態素解析は四半世紀の歴史を持つ息の長いソフトウェアです．解析のための理論は今も昔もほとんど変わっていないのに対し，実装方法は，コンピュータの処理能力の進化とともに次第に変化しています．日本語形態素解析の歴史を紐解いていくことで，その処理の難しさ，研究者や技術者がどのようにこの難問に取り組んでいったか，その一端を垣間見ることができます．また，形態素解析には，辞書やコーパスといった言語資源の構築や利用が不可欠です．複数ある資源の中で，目的にあったものを適切に使い分けられるよう，これらを網羅的，体系的にまとめています．

　本書では，具体的な実装や運用例がなく研究論文のみで報告された先進的な手法は，あえて紹介しない立場をとらせていただきました．形態素解析は実システムであり，実際に動いているシステムを通じて手法の理解を深めてほしいという著者の思いからくる提案であり，物足りなさを感じる方もいらっしゃるかと思いますが，ご了承ください．

　本書をきっかけとして，形態素解析への理解が深まり，利用可能なシステムをブラックボックスとして使うだけでなく，中身を理解した上で拡張した

り，改良を加えたり，さらには，新しいシステムや辞書を自ら開発できるような研究者，技術者が増えていけば望外の喜びです．

なお，本書では，形態素解析の実装言語として C++11 を採用しています．形態素解析は，解析速度や効率的なメモリ使用の制限，利用可能なライブラリの制約から，C あるいは C++で開発されることが多く，本書でもその慣習に従います．

本書の出版にあたっては，次の方々にお世話になりました．編集委員の名古屋大学の佐藤理史教授には，本書のご提案，監修そして構成の段階から適切なコメントをいただいたのみならず，遅筆の私を辛抱強く励ましていただきました．また，横浜国立大学の森辰則教授には，原稿のドラフトをいち早くお読みいただき，内容や構成に関する多くのコメントをいただきました．さらに，高岡一馬氏，藤田篤氏，木曽鉄男氏，林部祐太氏，小田悠介氏には草稿を読んでいただき，細部にわたって的確なコメントをいただきました．近代科学社の小山透フェローには，シリーズ全体の企画を含め，大変お世話になりました．ここに感謝の意を表します．

2018 年 7 月
工藤 拓

目　次

まえがき v

第 1 章　形態素解析の概要　　1

1.1　形態素解析 1
1.2　実践 MeCab：インストールと実行 3
1.3　主な形態素解析・単語分割システム 6
　　1.3.1　JUMAN 6
　　1.3.2　ChaSen 7
　　1.3.3　MeCab 7
　　1.3.4　KyTea 9
　　1.3.5　Sudachi 10
　　1.3.6　ウェブサービスとしての形態素解析 11
　　1.3.7　ブラウザ上で動く単語分割 11
　　1.3.8　SentencePiece 12
1.4　まとめ 14

第 2 章　言語資源　　15

2.1　辞書 15
　　2.1.1　自然言語処理システムにおける辞書 15
　　2.1.2　辞書を使うか使わないか 16
　　2.1.3　品詞 17
　　2.1.4　可能性に基づく品詞体系 18
　　2.1.5　活用 19
　　2.1.6　動的活用展開と静的活用展開 21

- 2.1.7 超短単位 22
- 2.2 コーパス 23
  - 2.2.1 生コーパス 23
  - 2.2.2 注釈付きコーパス 24
- 2.3 形態素解析のための辞書 25
  - 2.3.1 JUMAN 辞書 26
  - 2.3.2 ipadic 27
  - 2.3.3 NAIST-jdic 29
  - 2.3.4 UniDic 29
  - 2.3.5 NEologd 33
- 2.4 形態素解析のための注釈付きコーパス 34
  - 2.4.1 京都大学テキストコーパス・KNB/KWDLC コーパス 34
  - 2.4.2 RWC コーパス 35
  - 2.4.3 現代日本語書き言葉均衡コーパス (BCCWJ) 35
  - 2.4.4 日本語話し言葉コーパス (CSJ) 36
- 2.5 辞書の選び方 37
  - 2.5.1 最適な辞書は応用ごとに変わる 37
  - 2.5.2 単語長 38
  - 2.5.3 何の曖昧性を解消しようとしているのか? 38
- 2.6 まとめ 40

第3章 テキスト処理の基礎　41

- 3.1 文字コード 41
- 3.2 Unicode と UTF-8 43
- 3.3 UCS 正規化 と CSI 45
- 3.4 UTF-8 による UCS 正規化 48
- 3.5 文字種の判定 49
- 3.6 文字の正規化 52
- 3.7 波ダッシュ, 全角チルダ問題 55
- 3.8 まとめ 57

第4章　辞書引きアルゴリズム　　59

- 4.1　辞書引きの難しさ　　59
- 4.2　擬似トライ　　61
- 4.3　共通接頭辞検索とトライ　　62
- 4.4　ダブル配列　　64
  - 4.4.1　ダブル配列による共通接頭辞検索　　65
  - 4.4.2　ダブル配列の圧縮　　67
  - 4.4.3　ダブル配列の構築　　68
  - 4.4.4　Darts-clone を用いた辞書引きの具体例　　72
- 4.5　メモリマップトファイル　　72
- 4.6　辞書のみを用いた単語分割法：最長一致法　　76
- 4.7　まとめ　　78

第5章　最小コスト法　　79

- 5.1　ラティス　　79
- 5.2　生起コストと連接コスト　　84
- 5.3　ビタビアルゴリズム　　86
- 5.4　最小コスト法の例：MeCab　　88
- 5.5　コスト推定法　　92
  - 5.5.1　人手によるコスト設定　　92
  - 5.5.2　隠れマルコフモデル　　94
  - 5.5.3　拡張隠れマルコフモデル　　97
  - 5.5.4　構造学習　　100
  - 5.5.5　構造学習の例：MeCab　　103
  - 5.5.6　パーセプトロンによる学習　　105
  - 5.5.7　目的関数と最適化　　106
  - 5.5.8　構造化サポートベクトルマシン　　109
  - 5.5.9　条件付き確率場　　110
  - 5.5.10　パーセプトロンと条件付き確率場の関係　　115
  - 5.5.11　事前計算による高速化　　116
  - 5.5.12　正則化　　117

5.6 選択的トライグラム 119
5.7 連語登録 120
5.8 高速化のための工夫 122
 5.8.1 ゼロコピー 123
 5.8.2 メモリプールによるノードの管理 123
 5.8.3 連接表の実装 126
5.9 まとめ 126

第6章　点予測　　129

6.1 点予測による単語分割 129
6.2 点予測による品詞推定 132
6.3 点予測の特徴 133
 6.3.1 実装の容易さと頑健性 133
 6.3.2 不完全な入力からの解析 133
 6.3.3 言語資源の有効活用 133
 6.3.4 単語長による影響 134
 6.3.5 辞書の役割 134
 6.3.6 分割の一貫性 135
6.4 構造学習による点予測の学習 135
6.5 まとめ 137

第7章　未知語処理　　139

7.1 未知語 139
7.2 解析時未知語処理 140
 7.2.1 最小コスト法における解析時未知語処理 140
 7.2.2 解析時未知語処理の例：MeCab 141
 7.2.3 既知語から派生した未知語の自動認識 143
 7.2.4 点予測における解析時未知語処理 145
 7.2.5 未知語処理の学習 145
7.3 辞書拡充 146
7.4 新語のコスト推定 147

7.5 まとめ 148

第8章 評価 149

8.1 分割正解率 149
8.2 精度・再現率・F値 150
8.3 品詞出力の評価 152
8.4 分割の一貫性 152
8.5 回帰評価 156
8.6 mecab-system-eval を用いた評価 157
8.7 まとめ 158

第9章 高度な解析 161

9.1 n-best 解析 161
　9.1.1 n-best 解析の例：MeCab 163
　9.1.2 最小コスト法における n-best 解析 163
　9.1.3 点予測法における n-best 解析 167
9.2 ソフト分かち書き 168
　9.2.1 ソフト分かち書きの例：MeCab 169
　9.2.2 最小コスト法におけるソフト分かち書き 170
　9.2.3 点予測法におけるソフト分かち書き 171
9.3 制約付き解析 172
　9.3.1 制約付き解析の例：MeCab 173
　9.3.2 最小コスト法における制約付き解析 175
　9.3.3 点予測法における制約付き解析 176
9.4 部分注釈付きコーパスからの学習 176
　9.4.1 最小コスト法における部分注釈からの学習 . . . 177
　9.4.2 点予測法における部分注釈からの学習 177
9.5 まとめ 178

付録 179

A.1 条件付き確率場の勾配の導出方法 179
A.2 logsumexp 180

参考文献 183

索　引 187

コラム目次

コラム：語 ≠ 形態素 4
コラム：NKFC を文字列置換で実装できるか? 56
コラム：言語非依存システム 93
コラム：オンライン学習とバッチ学習 109
コラム：最大エントロピー法 119
コラム：一貫性の重要性 156

第1章

形態素解析の概要

この章では，形態素解析，単語分割の概要を述べ，主要なソフトウェアの簡単な紹介を行います．

1.1 形態素解析

自然言語処理，言語学において，**語**（単語，word）とは何かという問いは，古典的な難問であり，いまだに共通の見解がありません．語には，**統語的な語 (syntactic word)**（統語的な役割による定義），**音韻的な語 (phonological word)**（アクセントやイントネーションのまとまりとしての定義），**正書法的な語 (orthographic word)**（語の間に空白を挿入するといった，言語の正書法で決まる定義）のように立場や応用によってさまざまな定義があります．定義の明確さ，処理の簡易さから，英語等のヨーロッパ言語を対象とした自然言語処理では，正書法としての定義が一般的に用いられています．

語は，**自立語**（内容語）と**付属語**（機能語）に区別されます．自立語は独立した意味を持ち，名詞，動詞，形容詞，副詞などが相当します．付属語は，それ単体では意味を持たず，自立語に伴って出現し，文法的な機能を付加するもので，助詞，助動詞などがあります．

語のうち，音韻的に他の語の影響下にある語を**接語**と呼びます．日本語では，助詞，助動詞等の機能語の多くが**接語**に分類されます．例えば，「わたし-は」の「は」は独立した語ですが，発音（音韻）はひとまとまりになるため接語に分類されます．

形態素 (morpheme) とは，語より小さい単位であり，ある言語において，

意味を担う最小の単位とされています．例えば，英語の "book" とその複数形の "books" は，それぞれ異なる語ですが，後者は "book" + "s" のようにより小さい形態素に分割され，共通の形態素 "book" を持ちます．

形態素は，単独で語の一部として現れる**自由形態素 (free morpheme)** と，単独としては用いられず，必ず他の形態素とともに現れる**拘束形態素 (bound morpheme)** に分類できます．例えば，名詞 "book" は，それ単独で現れることから，自由形態素ですが，複数形を表す -s は単独で現れず，拘束形態素となります．

また，語彙的な意味を持つかどうかで形態素を分類することもできます．語彙的な意味を持つ形態素を**語根 (root)**，文法的な機能を担い，それ単体では意味を持たない形態素を**接辞 (affix)** と区別します．自由形態素と語根は似た概念ですが，前者は単独での出現可能性，後者は意味を持つかどうかが分類基準となります．例えば，「高-さ」の「高」は単独では現れませんが，意味を持つ形態素であるため，拘束形態素であり語根となります．「山」「川」といった名詞のほとんどは，単独で出現でき，意味を持つため，自由形態素の語根となります．

接辞は，機能の観点から，**屈折接辞 (inflectional affix)** と**派生接辞 (derivational affix)** に分類できます．屈折接辞は，複数形の "-s" や，現在進行系の "-ing" のように，文法的機能の標示を担います．日本語では，屈折接辞は，「書-く」の「く」のように主に**活用語尾**に対応します．派生接辞は，品詞や意味を変える接辞であり，行為者を表す "-er"，形容詞を副詞に派生させる "-ly" などがあります．また，語から屈折接辞を取り除いた要素を**語幹 (stem)** と呼びます．語は，「横-切-る」のように複数の語根（「横」「切」）から構成されることがあるため，語幹と語根は異なる単位となります．

さらに接辞は，出現位置（先頭か末尾）の観点から，**接頭辞 (prefix)** と**接尾辞 (suffix)** に分類できます．例えば，unlikely は un(接頭辞) + like(語幹) + ly(接尾辞) に分割できます．日本語においても，「お-花」の「お」，「ま冬」の「ま」などの接頭辞，「美し-さ」の「さ」，「食べ-る」の「る」などの接尾辞に分割できます．

本来の意味での**形態素解析**は，上記のように，語がわかっているという前提のもとでの語の内部構造の分析とされています．英語等のヨーロッパ言語では，正書法から語を認定することは比較的容易ですが[1]，日本語では語の認定そのものが自明ではありません．そのため，日本語の自然言語処理では，語と形態素の解析を厳密に区別せずに，それらの認定をまとめた一連の処理と

---

[1] 単純に空白で分割すれば正書法的な語が求まります．

して形態素解析を定義しています．具体的には，以下の一連の処理のことを形態素解析と呼んでいます．

1. 単語（もしくは形態素）への分割（分かち書き）
2. 品詞の推定
3. 語形変化の処理（原形を求める）

1, 2, 3 の一部しか行わないシステムは厳密には**形態素解析**ではありませんが，慣習的に単語分割のことを形態素解析と呼ぶことがあります．しかし，**単語分割（分かち書き）**，**品詞推定**，**活用処理**のように処理の範囲を明確に区別することが望ましいので，本書でも明確に区別します．また，形態素解析を行うソフトウェアを**形態素解析システム**，もしくは**形態素解析器**と呼びます．

語と形態素の区別を厳密に行うならば，形態素解析と単語分割はその出力が異なります．しかし，歴史的に日本語の自然言語処理では，これらを区別せず，ともに語もしくは形態素として扱ってきました．単語分割が形態素解析と呼ばれるのはこのためです．何かしらの意味を持つ一貫した単位に分割することが実応用で必要とされる処理であるため，本書でも語と形態素を厳密には区別しません．ただし，形態素解析は，単語分割，品詞推定，活用処理の一連の処理とし，第一段階目のみの単語分割とは区別します．

1.2 実践 MeCab：インストールと実行

形態素解析システム MeCab（詳しくは 1.3.3 項）を実際にインストールして，その動作や解析結果に触れてみましょう．Ubuntu や CentOS 等の Linux ディストリビューションでは，MeCab が標準パッケージとして提供されています．例えば Ubuntu の場合，apt-get コマンドにより簡単にインストールすることができます．

```
% sudo apt-get install mecab mecab-ipadic-utf8
```

mecab が MeCab システム本体，mecab-ipadic-utf8 は，形態素解析の際に使用する辞書データのパッケージです．

コンソール上で mecab と入力すると，MeCab がコマンドラインモードで

> **コラム：語 ≠ 形態素**
>
> 日本語に限定した自然言語処理の研究，応用を考えると，語と形態素を厳密に区別する必要性をさしあたって感じることはないでしょう．しかし，言語依存の処理を極力排除した通言語的一貫性を目指した研究，応用を考えると，語と形態素を区別する必要があります．すなわち，既存の日本語形態素解析器の出力単位を安易に語とみなすことは，応用によっては望ましくありません．これまで議論してきたように，ヨーロッパ言語における正書法的な語は，形態素と似て非なるものです．例えば，英語の1語 "playing" は，"play"（遊ぶ）"-ing"（〜でいる）の2形態素に分割できます．トルコ語の1語 "arabanzda" は，"arabra"（車）"-nz"（あなたたちの）"-da"（に）と分割でき，全体として「あなたたちの車に」という意味になります．これらの例のように，ヨーロッパの言語における語は，日本語の格助詞，時制，相（アスペクト）に相当する形態素を含むことがあり，形態素というよりはむしろ日本語の文節によく似た単位になります．日本語の構文解析は，このような背景から，文節を最小単位とし，文節間の係り受け関係を求めるタスクとして定式化されてきました．構文解析が語の間の関係を明らかにする処理であることを考えると，この定義は，少なくとも形態素を語とみなすよりは自然に思えます．一方，文節は日本語の言語処理に導入された独自の単位であり，言語処理の一貫性を確保するには都合が悪いという誤解が広く共有されているのも事実です．言語処理としての表層的な一貫性を保つために，形態素を最小単位とした構文解析を定義することも可能ですが，他の言語では想定されていないような現象を構文解析として扱う必要があり，通言語的一貫性が損なわれてしまう可能性があります．

起動します．ここで，適当な文を入力すると形態素解析を行い，結果を表示します．例として，「吾輩は猫である．」という文に対して形態素解析を行ってみます．

```
% mecab
吾輩は猫である.
吾輩    名詞,代名詞,一般,*,*,*,吾輩,ワガハイ,ワガハイ
は      助詞,係助詞,*,*,*,*,は,ハ,ワ
```

```
猫       名詞,一般,*,*,*,*,猫,ネコ,ネコ
で       助動詞,*,*,*,特殊・ダ,連用形,だ,デ,デ
ある     助動詞,*,*,*,五段・ラ行アル,基本形,ある,アル,アル
．       記号,句点,*,*,*,*,．,．,．
EOS
```

MeCabは1行に1形態素の情報を出力します．EOSは，end-of-sentenceの略で文末を意味します．分割された形態素の他に，多くの情報が出力されてます．ipadicの場合，以下の情報が出力されます[2][3]．これらの付加情報の詳細については，第2章以降に解説いたします．

```
見出し語\t 品詞,品詞細分類1,品詞細分類2,品詞細分類3,活用形,活用型,
原形,読み,発音
```

いろいろな文を入力して，どのように解析されるか確かめてみましょう．例えば，「すもももももももものうち」は，以下のように正しく解析されます．

```
% mecab
すもももももももものうち
すもも   名詞,一般,*,*,*,*,すもも,スモモ,スモモ
も       助詞,係助詞,*,*,*,*,も,モ,モ
もも     名詞,一般,*,*,*,*,もも,モモ,モモ
も       助詞,係助詞,*,*,*,*,も,モ,モ
もも     名詞,一般,*,*,*,*,もも,モモ,モモ
の       助詞,連体化,*,*,*,*,の,ノ,ノ
うち     名詞,非自立,副詞可能,*,*,*,うち,ウチ,ウチ
EOS
```

現在の形態素解析器は，新聞記事の解析であれば99%以上の単語分割精度が報告されています．ただし，形態素解析器は完璧ではありません．新聞記事以外の文書，例えばウェブ上のくだけたテキストでは多くの解析エラーが発生します．以下に，単語分割の誤り例を示します．名詞「人参」が誤って抽出されています．

```
% mecab
外国人参政権
外国   名詞,一般,*,*,*,*,外国,ガイコク,ガイコク
```

[2] どのような付加情報が出力されるかは，辞書によって異なります．

[3] \t はタブ文字を表します．

```
人参 名詞,一般,*,*,*,*,人参,ニンジン,ニンジン
政権 名詞,一般,*,*,*,*,政権,セイケン,セイケン
EOS
```

1.3 主な形態素解析・単語分割システム

ここでは，2018年現在，自由に利用可能な形態素解析，単語分割システムについて簡単に紹介します．形態素解析，単語分割は程度の差はあれ，過去のシステムの影響を受けているため，システムの知名度ではなく，形態素解析，単語分割の歴史をたどれるようリリースの古いものから順に紹介します．

1.3.1 JUMAN

JUMAN[4] は，京都大学工学部黒橋・河原研究室で開発されている形態素解析システムです．最も歴史が古く，初期のリリースは1992年です．実に25年の歴史を誇る息の長いソフトウェアであり，2018年現在も辞書の整備を中心に開発が続けられています．JUMAN は，構文解析システム KNP と組み合わせて使うことを前提に開発されています．

JUMAN が開発された当時は，商用の形態素解析システムは入手可能でしたが，文法や辞書がソースコードに直接記述されており，自由な変更は認められていませんでした．JUMAN は，計算機による日本語解析の研究を目指す多くの研究者に共通して使える技術基盤として開発されました．ソースコード，辞書は自由に入手可能であり，ユーザが文法，辞書，単語間の接続関係の再定義ができるように配慮されています．今となっては，ソースコードが自由に入手できるオープンソースソフトウェアは珍しくありませんが，1992年当時は研究レベルの高度なソフトウェアがオープンソースソフトウェアとして提供されることは大変珍しく，日本語の自然言語処理に大きな影響を与えたことには疑いの余地がありません．

単語間の接続コストといった解析用のパラメータは，人手によりチューニングされています．最新の形態素解析システムに比べれば精度は劣りますが，専門家が時間をかけてチューニングしてきたパラメータは，日本語の文法的な特徴を十分捉えており，分野依存性が低い特徴があります．20年前にチューニングされたパラメータがまだ現役で使えることが，その頑健性を証明して

[4] http://nlp.ist.i.kyoto-u.ac.jp/index.php?JUMAN

います.

1.3.2 ChaSen

ChaSen[5] は奈良先端科学技術大学院大学松本研究室で開発されている形態素解析システムです．C 言語で実装されています．コードレベルで JUMAN バージョン 2.0 をベースとしており，辞書のフォーマット，活用表，システムの設定ファイルなどは JUMAN のそれと類似しています．現在では，ChaSen と JUMAN はそれぞれ独立に開発されていますが，ChaSen 用に実装された辞書引きデータ構造のいくつかは JUMAN で再利用されるなど，お互いのよいところを取り入れながら開発がすすめられてきました．ただし，ChaSen は，バージョン 2.3.3 を最後に開発が実質終了しています．

JUMAN が解析用のパラメータを人手でチューニングしていたのに対し，ChaSen ではそれらを人手により正しく解析されたデータ（注釈済みコーパス）から統計的な手法で推定しています．

注釈済みコーパスの作成により，形態素解析の性能を客観的な基準で評価できるようになり，よりよいモデルの提案，注釈済みコーパスの作成支援など，形態素解析の研究が加速しました．また，入力文中の特定の部分のみを解析する注釈機能，制約付き解析（詳しくは 9.3 節）といった JUMAN にはない新機能が導入されているのも特徴です．

ChaSen では，辞書とシステムを完全に分離し，それぞれ独立したパッケージとして公開されています．2017 年までは，ipadic と UniDic が利用可能でしたが，2017 年の 10 月に ChaSen 用の UniDic の配布が停止したことから，ipadic 以外での利用が今後は難しくなるでしょう．

1.3.3 MeCab

MeCab[6] は，研究，実応用問わず幅広く使われている最もメジャーな形態素解析システムです．ChaSen と同じく，辞書とシステムが分離されており，ipadic，UniDic，JUMAN 辞書といった複数の辞書が利用可能です．Perl, Python, Ruby 等のスクリプト言語用のバインディングも提供され，プログラミング言語を問わずさまざまな場面で形態素解析の実行を可能にしています．

MeCab は ChaSen の C++ による再実装として開発がスタートしました．初期の MeCab は ChaSen をベースにしており[7]，解析速度の高速化が開発当初の技術的な目標でした．辞書引きアルゴリズムにダブル配列を採用した

[5] http://chasen-legacy.osdn.jp/

[6] http://taku910.github.io/mecab/

[7] ChaSenTNG というコードネームでスタートしました．

こと，活用処理など実行時に行う処理をできるだけ解析前に行っておくことで[8]，ChaSen の 3～4 倍の高速化が実現されています．

バージョン 0.7 以降，パラメータ推定に**条件付き確率場**[1] を採用し，解析精度が大きく向上するとともに，ChaSen とは完全に独立したシステムとなりました．辞書フォーマット，連接表，設定ファイル等は ChaSen と互換性がありません．ChaSen に比べ高性能，高速であることから，さまざまな応用で MeCab が採用されるようになっています．

JUMAN や ChaSen がどちらかというと研究者向けのシステムであったのに対し，MeCab は，一般のエンジニアが，さまざまな応用でトラブルなく使えることを開発の大きな指針としています．そのため，システムが過度に複雑にならないよう，前処理，後処理でできることは実装せず，代わりに応用ソフトウェアに簡単に組み込めるようなライブラリ，アプリケーションプログラミングインターフェイス (API) を拡充しています．さらに，解析速度と解析精度のトレードオフを念頭に置き，速度が低下する機能はあえて実装せず，システムが複雑になることを防いでいます．

MeCab は C++で実装されており，Java や Python といった他の言語から使うには，各言語へ接続する特殊なインターフェイスが必要となります．一方，これらのインターフェイスを使わず，MeCab の解析部分を C++以外の言語にポートした（再実装した）システムが登場しました．以下に主なシステムと再実装言語を示します．

- Kuromoji (Java)[9]
- sen (Java) [10]
- Igo (Java) [11]
- kagome (Go) [12]
- janome (Python) [13]
- kuromoji.js (JavaScript) [14]

これらは，MeCab の解析ルーチンの再実装であるため，MeCab と出力と同等の解析結果が得られます．

Kuromoji は，Java で実装された代表的な MeCab ポートです．Java で再実装することで，Java で実装された情報検索システム (Lucene[15]) とスムーズな統合が可能になります．

Kuromoji の特徴に「サーチモード」と呼ばれる情報検索向けの解析モードがあります．ipadic では，「関西国際空港」は一単語として登録されている

---

[8] ダブル配列導入後の茶筌は活用処理を事前に行っています．

[9] http://www.atilika.org/

[10] https://www.mlab.im.dendai.ac.jp/~yamada/ir/MorphologicalAnalyzer/Sen.html

[11] https://igo.osdn.jp/

[12] https://github.com/ikawaha/kagome

[13] https://github.com/mocobeta/janome

[14] https://github.com/takuyaa/kuromoji.js/blob/master/README.md

[15] https://lucene.apache.org/

ため,「関西」や「空港」といったクエリで「関西国際空港」を検索できません.サーチモードは,複合語を構成語に分割した形で出力します.この例では,「関西 国際 空港」がサーチモードでの解析結果となります.

また,kagome は,辞書をバイナリ（実行形式）に内包することで自己完結型のパッケージとして形態素解析システムを提供しています.

1.3.4 KyTea

京都テキスト解析ツールキット（KyTea「キューティー」）[16] は,単語（または形態素）分割,品詞推定,読み推定を行うテキスト解析器です.活用処理を行わないため,厳密には形態素解析システムではありません.

KyTea は,入力文全ての文字について,文字の前が単語境界かどうかを,文字そのもの,文字の並び (n-gram),ひらがな,カタカナといった文字種情報とその組み合わせを特徴量として用いながら決定しています.単語分割処理が,語境界になるかならないかという二値分類として定式化できるため,任意の教師あり機械学習手法が適用できます.KyTea では,機械学習手法に LIBLINEAR（線形サポートベクトルマシンもしくはロジスティック回帰）[17] を用いています.単語境界の同定が機械学習により決定されるため,辞書は必須のリソースではありません.とはいえ,辞書は有益なリソースであるため,KyTea は辞書を機械学習の素性（特徴量）として用い精度向上を図っています.

KyTea は,単語境界の同定を他の境界と独立に推定しています.このような方法は**点予測 (Pointwise Prediction)** と呼ばれます.点予測のための学習データは,単語境界ごとに個別に作られるため,全ての単語境界に正解の分割を与える必要はありません.このように,部分的に正解が与えらたデータから学習できることが点予測の大きな利点です.形態素解析,単語分割は,自然言語処理の中でも比較的簡単なタスクです.点予測により,システムが間違えやすいところを集中的にチューニングでき,短時間で安価にシステムの精度向上が行えます.

KyTea の品詞分割,読み推定も点予測によって行われます.注目する単語の品詞を予測するのに周囲の品詞を用いず,入力文の周辺の文字,文字 n-gram 等のみを特徴として用います.

[16] http://www.phontron.com/kytea/index-ja.html

[17] https://www.csie.ntu.edu.tw/~cjlin/liblinear/

1.3.5 Sudachi

Sudachi[18] は，2017 年に公開された最も新しい日本語形態素解析システムです．株式会社ワークスアプリケーションズ徳島人工知能 NLP 研究所が中心となって開発が続けられています．企業のサポートのもと，商業利用に耐えうる高品質で使い勝手のよい形態素解析器を，今後 10 年にわたり継続的に開発，更新していくことをプロジェクトの目標としています．UniDic と NEologd を基にした，高品質で大規模な辞書が専門家の手によって継続的にメンテナンスされています．Sudachi は，Java で開発されており，Java で開発された全文検索システム Elasticsearch[19] との連携が簡単に行えます．

Sudachi の最大の特徴は，分割単位の異なる 3 つのモード（A, B, C 単位）を提供している点にあります．A は，短い単位（UniDic 短単位相当；詳細は 2.3.4 項），C は固有表現相当，B は A, C の中間的な単位です．以下に，A, B, C の分割単位の例を示します．

```
A：医薬/品/安全/管理/責任/者
B：医薬品/安全/管理/責任者
C：医薬品安全管理責任者

A：自転/車/安全/整備/士
B：自転車/安全/整備士
C：自転車安全整備士

A：消費/者/安全/調査/委員/会
B：消費者/安全/調査/委員会
C：消費者安全調査委員会

A：新/国立/美術/館
B：新/国立/美術館
C：新国立美術館
```

さらに，Sudachi の辞書では，以下に挙げる表記の正規化がサポートされています．

- 送り仮名: 打込む → 打ち込む
- 字種: かつ丼 → カツ丼
- 異体字: 附属 → 付属
- 誤用: シュミレーション → シミュレーション

[18] https://github.com/WorksApplications/Sudachi

[19] https://www.elastic.co/jp/products/elasticsearch

また，プラグインによる機能拡張が可能で，これまでの形態素解析の前処理，後処理として独立に実装されていた正規化や結果の補正処理をシステムに内包できるようになっています．現在利用可能なプラグインには，異体字の統制，コスト（パラメータ）の動的な書き換え，漢数字や位取りの正規化などがあり，今後も増えていく予定です．

1.3.6　ウェブサービスとしての形態素解析

2000年代の半ばぐらいから，大手ウェブ企業が形態素解析をウェブサービスとして公開するようになりました．形態素解析に限らず，構文解析，地図情報処理，日本語入力等のさまざまなウェブサービスが同時期に公開され，これまで大企業でしかできなかった複雑な処理が，個人でも簡単に利用できるようになりました．スタンドアローン型の形態素解析システムとは異なり，特別なソフトウェアのインストールは不要で，辞書やシステムの継続的なメンテナンスから開放されます．利便性は向上しますが，企業に解析対象のテキストを送信する必要があるため，秘匿性の高いテキストの解析には注意が必要です．以下に代表的なサービスを挙げます．

- Google Cloud Natural Language API [20]
- Yahoo! 日本語形態素解析 API [21]
- Goo ラボ 形態素解析 API [22]

1.3.7　ブラウザ上で動く単語分割

2000年代後半から，さまざまなアプリケーションがウェブブラウザのみで実行できるようになりました．その背景に，ウェブブラウザ上で動作するプログラミング言語，JavaScript の高速化があります．スタンドアローンアプリケーションと遜色ない速度で動作するようになり，ウェブブラウザでできることが大きく広がりました．

このような背景から，JavaScript を開発言語に用いたウェブブラウザのみで動く単語分割システムが登場しました．解析に必要な辞書やモデルが JavaScript のソースコード内に埋め込まれているため，それ単体で単語分割，形態素解析が可能です．解析対象のテキストをサーバに送信する必要がなく，プライバシーの観点からも優れています．代表的なシステムを以下に挙げます．

[20] https://cloud.google.com/natural-language/?hl=ja
[21] https://developer.yahoo.co.jp/webapi/jlp/ma/v1/parse.html
[22] https://labs.goo.ne.jp/api/jp/morphological-analysis/

- TinySegmenter [23]
- RakutenMa [24]
- kuromoji.js [25]

[23] http://chasen.org/~taku/software/TinySegmenter/

[24] https://github.com/rakuten-nlp/rakutenma/blob/master/README-ja.md

[25] https://github.com/takuyaa/kuromoji.js/blob/master/README.md

　TinySegmenter は JavaScript だけで実装されたコンパクトな単語分割ソフトウェアです．わずか 25K バイトのソースコードにもかかわらず，新聞記事であれば文字単位で 95% 程度の精度で単語分割が行えます．TinySegmenter は機械学習のみを使って分かち書きを行います．基本的な単語分割アルゴリズムは KyTea と同じ点予測ですが，リソースを最小限に抑えるため，辞書を利用していません．TinySegmenter は学習データに新聞記事を用いているため，チャットやブログといったくだけた文，ひらがなだけの文の解析精度は高くありません．しかし，未知語の解析精度は MeCab より高い場合があります．

　もともと，TinySegmenter は，「それなりに使える単語分割を極小のモデルで実現するにはどうしたらよいのか?」という著者の興味から生まれたトイプロダクトでした．さまざまな機械学習手法の中から，コンパクトなモデルが出力できる Boosting を採用することで，25K バイトのモデルサイズを実現しています．TinySegmenter は，モデル，ソースコードのコンパクトさから，さまざまなプログラミング言語に移植され，その実用性よりはむしろ，プログラミング言語と自然言語処理を橋渡しする教育的な側面を持つようになりました．

1.3.8　SentencePiece

[26] https://github.com/google/sentencepiece

　SentencePice[26] は，著者が開発を行っているニューラル言語処理向けのトークン分割システムです．JUMAN，MeCab，KyTea といった単語分割システムとは異なり，分割単位が単語や形態素とは限りません．SentencePiece は，生文から分割モデルを学習する教師なし単語分割システムであり，語彙サイズに制限があるニューラル言語処理，ニューラル文生成に特化しています．

　ニューラル言語処理，文生成の中心となる要素技術に **RNN**（再帰型ネットワーク）があります．テキスト（任意のトークン列）を低次元のベクトルに符号化したり，ベクトルからテキストを復号したり，その応用範囲は多岐にわたります．**LSTM**（長・短期記憶ユニット）[2] は，RNN の一種であり，単純な RNN と比較してより長い依存関係をモデル化するのに長けています．ニューラル機械翻訳 (NMT) [3,4] やニューラル要約 [5] は，LSTM による符

号化，復号を組み合わせて翻訳を行ったり，（要約）文を生成します．

　LSTM を用いた文生成で問題となるのが語彙のサイズです．文生成の計算量が語彙サイズに依存するため大規模な語彙を扱えません．高頻度語彙のみに限定することで計算量の問題は回避できますが，低頻度語を実質無視することになり，翻訳精度の低下が避けられません．

　この問題を解決する手法の一つがサブワードです [6,7]．サブワードは単語と文字の中間のような分割単位です．高頻度の単語は，1単語として扱い，低頻度の語はより短い文字や部分文字列に分割します．このとき，最終的な語彙サイズが事前に与えられたサイズ（通常数千から数万以下）になるように分割します．また，文を表現する総トークン数（あるいは符号長）を最小にするように分割単位を決定します．そのため，数千から数万の語彙サイズでも，1文を表現するトークン数（単語数）はそれほど増加しません．サブワードは語彙サイズとトークン数のバランスをうまくとる効果があります．サブワードは，通常頻度付きの単語集合から学習を行いますが，日本語や中国語のように単語の認定が自明ではない言語では，1文を1単語とみなして学習を行います[27]．

　SentencePiece は，**バイトペア符号化 (BPE)** [7] と**ユニグラム言語モデル**の二つのサブワード分割アルゴリズムを実装しています．BPE は，ニューラル翻訳に標準的に用いられている手法であり，1文字1語彙から開始し，連結した際に最も頻度が高くなる二つの語彙を選び新たな語彙とする手続きを決められた語彙サイズに達するまで繰り返すことで語彙結合ルールを学習します．BPE の分割は，語彙結合ルールを同一順序で適用することで行われます．ユニグラム言語モデルは，テキストを符号化するときの符号長が最小となるように，分割モデルを EM 法を用いて学習します．BPE とユニグラム言語モデルは，テキストをなるべく少ない情報量で表現するという観点で類似しています．

　表 1.1 に SentencePiece（ユニグラム言語モデル）の分割例を示します．語彙サイズは 8000 としています．学習には，京都に関する Wikipedia 文書を集めた KFTT コーパス[28] を用いています．SentencePiece では，低頻度の固有名詞は文字単位に分割されますが，高頻度の機能語列（〜により，〜された）は 1 トークンになっています．また，「足利」ではなく，共通して頻出する「足利義」までを 1 トークンにしていることが特徴的です．結果，分割数をそれほど変えることなく，語彙サイズを KyTea や MeCab の 1/10（8000）にまで圧縮しています．KyTea や MeCab と比較して SentencePiece は，文

[27] もちろん，前処理として既存の単語分割システムを適用してもかまいません．

[28] http://www.phontron.com/kftt/index-ja.html

表 1.1　SentencePiece による分割例

分割手法	分割	分割数
SentencePiece	本 山 は，足利義 満 により 建立 された 京都 の 相国寺．	15
KyTea	本 山 は，足 利 義 満 により 建 立 さ れ た 京 都 の 相 国 寺．	17
MeCab	本山 は，足利 義満 により 建立 さ れ た 京都 の 相国寺．	14
NEologd	本山 は，足利義満 により 建立 さ れ た 京都 の 相国寺．	12

法的に正しい分割をしているわけではありません．にもかかわらず，従来の単語分割システム用いた翻訳手法を超える翻訳精度が報告されています[29]．

　ニューラル言語処理において，単語分割をどう設計するか結論は出ていません．ただし，これまでよいと考えられてきた分割基準「文法的に正しい分割」「大規模な語彙を用いた分割」は，それほど重要ではないことが実験的に明らかになってきました．文法的，語彙的知識を一切使わず生文だけから分割方法を学習できる SentencePiece は，魅力的ですが，あらゆる応用に適用可能とはいえず，その用途はニューラル言語処理に限られてます．

[29] https://github.com/google/sentencepiece#results-bleu-scores

1.4　まとめ

　本章では，形態素解析，単語分割の定義と，現在利用可能なシステムの概要を説明しました．多種多様な形態素解析システムがフリーソフトウェアとして利用可能であるという点で，日本語は，特異であり恵まれた言語です．ユーザの選択肢が多い点では利点となりますが，目的に即したシステムを正しく選択することは，専門家でも容易ではありません．次章では，各システムが用いている言語資源（辞書，コーパス）に焦点を当て，それぞれのシステムの類似点，相違点を説明します．

第2章

言語資源

本章では，自然言語処理システムを構築する上で不可欠な言語資源である，辞書とコーパスについて説明します．

2.1 辞書

2.1.1 自然言語処理システムにおける辞書

辞書とは，語（単語）とその意味，読み，品詞，使用分野（ドメイン），用法，さらには類義語，対義語，用例などをまとめたものを指します．自然言語処理では，より広い意味で，ある特定の目的，用途のために集められた語に関する知識の総称を辞書と呼んでいます．本書では，MeCab の表記にならい，辞書中の単語や形態素の表層文字列を**見出し語**，それに対応する品詞等の付随情報をまとめて**素性**（そせい）と呼びます[30]．言語学では，辞書のことを**語彙目録**（レキシコン），辞書中の単語や形態素を**語彙項目**，さらに語彙項目に付与された情報を**語彙記載項目**といったように，異なる表記が使われています．表 2.1 に自然言語処理における辞書の例を示します．

辞書は，日本語形態素解析において中心的な役割を果たしてきました．日本語のテキストは，英語のように明示的な単語区切りが存在せず，何が単語なのか文だけからわからないため，単語の一覧を事前に決めておくことは自然な設計です．さらに，日本語形態素解析や日本語入力の研究，開発が始まった 1980 年代の前半は，使える言語資源といえば辞書ぐらいしかなく，辞書を言語処理にどう応用するかが自然言語処理研究の出発点でした．

[30] 素性は，大ざっぱには言語的な特徴量全般のことを指します．機械学習に用いる特徴量のことも自然言語処理分野では素性と呼んでいます．

表 2.1　辞書の例 (ipadic)

見出し語		素性
京都	品詞	名詞-固有名詞-地域-一般
	読み	キョウト
	発音	キョート
凍っ	品詞	動詞-自立
	活用型	五段・ラ行
	活用形	連用タ接続
	基本形	凍る
	読み	コオッ
	発音	コーッ
大きけれ	品詞	形容詞-自立
	活用型	形容詞・イ段
	活用形	仮定形
	基本形	大きい
	読み	オオキケレ
	発音	オーキケレ

2.1.2　辞書を使うか使わないか

　何らかの自然言語処理システムを作る際に，辞書を構築し，それを積極的に活用していくか，それとも辞書を全く使わないか，意見の分かれる話題です．コーパスは，実際に運用されている言語のありのままを反映しているのに対し，辞書は単語単位に集約された人工的な資源であり，言語の特徴を網羅的に記述できているわけではありません．特に注釈付きコーパスを積極的に用いる統計的言語処理の進展により，辞書よりも注釈付きコーパスの作成に重きがおかれるようになったのも事実です．しかし，実際には，辞書の重要性は対象とする言語によって変わります．日本語は，一つの単語が複数の品詞を持つことはまれであるため，単語と対応する品詞を記述した辞書があれば，単語の分析は比較的やさしい処理になります．一方，英語や中国語は，多くの語が複数の品詞を持つため，辞書だけでは品詞を認定することができず，文脈込みで情報を付与した注釈付きコーパスの力を借りなくてはなりません．例えば，英語の頻出単語 still は，形容詞，名詞，動詞，副詞の解釈が可能であり，辞書だけでは解析できません．

　注釈付きコーパスの作成は，辞書の構築に比べ長い時間と高い専門性を要

します．辞書の構築，更新だけで言語処理システムが運用できるのであれば，それに越したことはありません．実際に，日本語形態素解析システムのエラーの約 75〜80％は，辞書への単語登録で修正可能という報告があります[31]．そのため，日本語の形態素解析では，辞書を解の候補を列挙，限定するための中心的な言語資源と置きつつ，注釈付きコーパスを，曖昧性解消するモデルの学習データとして辞書と併用することが一般的です．日本語では，形態素解析の辞書とそれに対応する注釈付きコーパスが一つのセットとして構築されますが，日本語以外の言語では，注釈付きコーパスに対応する辞書が存在しない例が多くあります．

[31] http://www.phontron.com/kytea/dictionary-addition.html

2.1.3 品詞

単語を文法的な機能や形態などによって分類したものを**品詞**と呼びます．日本語の品詞分類はこれまでさまざまなものが提案されていますが，一般的に広く知られている**学校文法**（**橋本文法**）では，単語を，名詞，動詞，形容詞，形容動詞，連体詞，副詞，感動詞，助詞，助動詞などの品詞に分類します．さらに，各品詞は，細分類を持つことがあります．例えば，名詞は，一般名詞，固有名詞，代名詞，数詞などに細分類されます．表 2.1 で示した ipadic のように，細分類が階層的な構造（例: 名詞-固有名詞-地域-一般）を持つものもあります．

一つの単語は，一つ以上の品詞に分類できます．例えば，「京都」は名詞の解釈しかありませんが，「今日」は，文脈によって名詞にも副詞にもなるため，二つの品詞を持ちます．連体詞は，日本語特有の英語や中国語にはない品詞です．連体詞は，形容詞のような振る舞いをしますが，名詞を修飾することに機能が限定されています．「あの」「大きな」等が連体詞に分類されます．連体詞は，名詞を直接修飾しますが（「あの人」「大きな山」），述部に現れることはなく，活用もありません（「あの山は大きな」と言えない）．

具体的に，何を単語とし，どのような品詞分類を採用し，どのような単語をどの品詞に分類するかをまとめたルールを**品詞体系**と呼びます．辞書および注釈付きコーパスは，品詞体系を実際の単語や文を用いて具現化したものと考えられます．

辞書を使うか使わないか，といった議論と同様に，品詞を扱うかに関してもさまざまな議論があります．形態素解析における品詞の工学的な意義は，同じような振る舞いをする単語間での解析に用いる知識（ルールやモデルパ

ラメータ）の共有です．一般に，同じ品詞を持つ単語は，文脈に依存せず同じように振る舞い，お互い入れ替え可能であることが期待されます．第5章で，詳しく形態素解析アルゴリズムを解説しますが，最小コスト法に基づく形態素解析は，単語単体での出現のしやすさと，品詞同士のつながりやすさを計算しながら解析を行います．品詞のつながりやすさは，日本語共通の知識であるためドメインにはほとんど依存しません．たとえ応用処理が品詞を必要としなくても，品詞付きの辞書を構築することで，ドメインに依存した語彙知識をドメイン非依存の言語的知識から切り離して構築することができます．このようなことから，日本語形態素解析では各単語に品詞を付与した辞書を構築することが一般的です．

2.1.4 可能性に基づく品詞体系

　ある単語が，文脈によって品詞 A にも品詞 B にも解釈できる場合，品詞分類の曖昧性を解消せず，「品詞 A にも品詞 B にもなり得る」という便宜的な品詞を与える品詞体系を**可能性に基づく品詞体系**と呼びます．可能性に基づく品詞体系では，品詞 A，B に曖昧性がある場合，デフォルトの品詞を決め（例えば A），「A-B 可能」という品詞を割り当てます．

　可能性に基づく品詞体系という用語は，ipadic と UniDic で導入されていますが，JUMAN 辞書においても，実質的に同じような分類を行っています．例えば，「今日」は，「今日の献立」であれば，名詞ですが，「今日休む」であれば，副詞です．ipadic は，この二つを区別せず，「名詞-副詞可能」という可能性に基づく品詞を割り当てています．JUMAN 辞書では，「名詞-時相名詞」を割り当てていますが，実質的にはやっていることは同じです．

　名詞と副詞の区別は，文の大域的な構文を見ないと判断できません．そのため，可能性に基づく品詞体系は，現在のシステムが解析できる範囲を明確にする利点があります．しかし，可能性に基づく品詞体系は，曖昧性を積極的に解決しないため，研究の進展を停滞させる恐れがあります．例えば，可能性に基づく品詞体系を多用する UniDic の短単位品詞体系では，形態素解析の精度が 99% を超えており，一見改善の余地がなく完成されたシステムであるように感じられます．しかし，形態素解析が解くべき問題が単純化されたことによる，見かけの精度向上である可能性が否定できません．英語や中国語の品詞タグ付けでは，可能性に基づく品詞体系は導入されておらず，現システムの能力に関係なく，曖昧性を解消したい品詞をそのまま割り当てて

表 2.2　可能性に基づく品詞体系 (UniDic)

品詞名	デフォルトの品詞	可能性の品詞
名詞-普通名詞-サ変可能	受験**勉強**をがんばる	**勉強**する
名詞-普通名詞-形状詞可能	**安全**運転	**安全**な車
名詞-普通名詞-サ変形状詞可能	**安心**ある社会	**安心**する，**安心**だ
名詞-普通名詞-副詞可能	**今日**の献立	**今日**休む
名詞-普通名詞-助数詞可能	**時間**がない	1 **時間**
動詞-非自立可能	映画を**みる**	食べて**みる**
形容詞-非自立可能	名誉が**ほしい**	読んで**ほしい**
接尾辞-名詞的-サ変可能	映画**化**に向けて	映画**化**された作品
接尾辞-名詞的-形状詞可能	ダンス**三昧**の日々	生活はダンス**三昧**だ
接尾辞-名詞的-副詞可能	食事**後**が重要	食事**後**帰った

います．解析困難な品詞体系を扱うために，さまざまな手法が提案されています．

表 2.2 に，UniDic（詳細は 2.3.4 項）において，可能性に基づく品詞体系が使われている品詞とその例を示します．

2.1.5　活用

日本語の用言（動詞，形容詞，形容動詞），および助動詞は**活用**します．日本語の活用は，**活用型**と**活用形**の二つの観点で分類されます．

- **活用型**
  活用を同じ語形変化をするものでまとめ，それぞれの種類に名前をつけたものを活用型と呼びます．活用する語は一つ以上の活用型を持ちます．五段活用，一段活用，サ行変格活用などが活用型に相当します．
- **活用形**
  活用された語をその意味的，統語的な役割で分類したまとまりです．学校文法では，**未然形**，**連用形**，**終止形**，**連体形**，**仮定形**，**命令形**の 6 種類の活用形が示されています．ただし，全ての形態素解析システムが学校文法に準拠しているとは限らず，独自の活用形を採用している辞書も少なくありません．また，終止形と連体形は，活用された語の表層文字列に違いがないため，独立した連体形を立てず，終止形もしくは基本形として合流させる辞書が主流です．

表 2.3　ipadic の活用表（一部）
（φ は空文字を表す）

活用形	活用型		
	五段・マ行（読む）	一段（見る）	サ変・スル（する）
語幹	読	見	φ
基本形	む	る	する
未然形	ま	φ	し
未然ウ接続	も	よ	しよ
未然レル接続	未定義	未定義	さ
連用形	み	φ	し
連用タ接続	ん	未定義	未定義
仮定形	め	れ	すれ
命令 e	め	未定義	未定義
命令 y o	未定義	よ	せよ
命令 r o	未定義	ろ	しろ
仮定縮約 1	みゃ	りゃ	すりゃ
体現接続特殊	未定義	ん	すん

　活用型，活用形は，通常，**活用表**と呼ばれる表形式で記述されます．活用表は，小中学校の国語の教科書や国語辞典の付録に記載されることが多く，自然言語処理を知らない人にも馴染みのある表ではないでしょうか．活用表の値には，その活用型と活用形のときの**活用語尾**が示されています．活用しても変化しない部分を**語幹**と言い，語幹に活用語尾を連結することで活用された見出し語を作ります．**語幹**は，活用表に明記されることもありますが，各単語の終止形（基本形）の見出し語から活用語尾を削除することでわかります．

　計算機での活用処理は，活用表上での処理を忠実に実現するだけですが，一点，注意が必要です．活用表は冗長な表記を避けるため，人間が区別できる違いはまとめて表記されることがあります．例えば，「五段活用」は子音＋母音の母音部分が活用する活用型ですが，日本語のひらがなは子音と母音を分離して表記することを許していません[32]．そのため，計算機用の活用表は，五段活用を「カ行五段活用」「サ行五段活用」のように，子音ごとに細分化しています．また，音便により異なった読みになる場合も，それぞれ独立した活用型として定義することで曖昧性を排除しています．例として表 2.3 に ipadic の活用表を示します．

　活用処理の応用の一つに，単語の**ステミング（レンマ化）**があります．情

[32) ローマ字なら可能です．

報検索のインデクシングやクエリの解析時に，活用する語に関しては，その原形（基本形）に正規化することで，活用語尾の違いによる表記ゆれを吸収し，検索漏れが少なくなります．例えば，ステミングにより，テキスト「読めば」をクエリ「読む」で検索できるようになります．

また，活用形は，活用語尾の機械的変形，生成に有益です．活用語尾は活用型・活用形によって変化しますが，どのような語が後続可能かは活用形のみで決定されるため（詳細は 5.5.3 項），言語生成のためのルールを活用形のみで簡潔に記述することができます．例えば，任意の活用した動詞を否定形に変えたいときには，現在の活用形に対応する活用語尾を削除し，未然形の活用語尾と助動詞「ない」を結合することで生成できます．この手続きは活用型には依存しません．

2.1.6 動的活用展開と静的活用展開

形態素解析システムを実装するにあたり，活用処理をいつ行うか決めなければなりません．大きく**動的活用展開**と**静的活用展開**の二つの戦略があります．

動的活用展開は，解析中に動的に活用処理を行います．辞書には単語の原形（語幹）と活用型のみを登録します．解析中に語幹が見つかると，それに続く活用語尾を活用表を用いて解析時に展開します．動的活用展開は，辞書サイズが小さくなるという利点がありますが，解析アルゴリズムが複雑になり処理速度が遅くなります．

静的活用展開は，あらかじめ可能な活用を全て展開し辞書に登録しておきます．辞書サイズが大きくなる欠点がありますが，解析アルゴリズムは単純になり，多くの場合処理速度が向上します．

活用表による活用処理は，動的・静的を問わず標準的な手法と考えられてきましたが，ウェブ上にあるくだけた表現や方言の解析には，その限界が見えてくるようになりました．例えば，通常使われない活用形を例外的に削除したい場合，その現象に特化した特殊な活用型を導入しなければならず活用表の肥大化が避けられません．一方，静的活用展開では，活用表は必須ではありません．通常使われない例外的な活用形は，その登録を行わないことで簡単に誤解析を防ぐことができます[33]．

初期の形態素解析システム，具体的には JUMAN と ChaSen は，動的活用展開を採用していました．計算資源（主にメモリ）の消費が大きい静的活用展開は，当時の計算機環境からは現実的な選択ではありませんでした．2000

---

[33] 静的活用展開は，活用型による分類をやめ，各語がそれぞれの活用形に対し個別の活用語尾を持つ形式だとみなせます．

```
% echo 動きたくはありません。 | kytea
動/うご き/き た/た く/く は/は あ/あ り/り ま/ま せ/せ ん/ん 。/。

% echo 動きたくはありません。 | mecab
動き      動詞,自立,*,*,五段・カ行イ音便,連用形,動く,ウゴキ,ウゴキ
たく      助動詞,*,*,*,特殊・タイ,連用テ接続,たい,タク,タク
は        助詞,係助詞,*,*,*,*,は,ハ,ワ
あり      動詞,自立,*,*,五段・ラ行,連用形,ある,アリ,アリ
ませ      助動詞,*,*,*,特殊・マス,未然形,ます,マセ,マセ
ん        助動詞,*,*,*,不変化型,基本形,ん,ン,ン
。        記号,句点,*,*,*,*,。,。,。
EOS
```

図 2.1　KyTea（超短単位）と MeCab の解析例

年代になると計算資源の向上に伴い，静的活用展開が徐々に採用されてきます．MeCab は，静的活用展開を採用することで解析速度が格段に向上しました．

十分な計算機資源がある現代において，動的活用展開を採用する意義はほとんどありません．また，UniDic では，旧来の活用表では表現できない活用が定義されており，静的活用展開しか選択肢がなくなりました．

2.1.7　超短単位

活用する語の活用型，活用形，基本形を出力する代わりに，語幹と活用語尾をそれぞれ別々の語（形態素）とする認定単位を**超短単位**と呼びます．超短単位は，KyTea のデフォルトモデルとして採用されています．活用形，活用型，基本形が出力できないため，厳密には形態素解析ではありませんが，これまで個別に登録された活用語が一つの語幹のみの登録で済むため，語彙サイズが小さくなり，辞書のメンテナンス性が向上します．

超短単位は，通常の形態素解析の辞書，コーパスから機械的に作成することができます．具体的には，活用表を用いて語の語幹と活用語尾を切り離したコーパスを作成し，それを学習データとしてシステムを構築します．辞書には語幹と活用語尾を独立した語として登録します．図 2.1 に，MeCab と KyTea の活用語の解析例を示します．KyTea は，語幹（動，た，あ，ま）と活用語尾（き，く，り，せ）を独立した形態素として出力しています．

2.2 コーパス

　自然言語処理の研究開発のために，自然言語で書かれた文書や音声データを大規模に記録，集積し，さらにある種の情報を付与したデータを**コーパス**と呼びます．コンピュータの処理能力，記憶容量の向上，さらにはインターネットの普及により，大規模な電子化されたコーパスを収集，蓄積，交換することが容易になりました．それに伴い，言語現象の統計的分析や大規模コーパスからの知識獲得，機械学習を用いたモデルの学習といったコーパスを利用した統計的言語処理が研究の主流となりました．現在では，コーパスは自然言語処理に欠かせない存在になっています．

　コーパスに基づく自然言語処理では，対象となる問題に適したコーパスを用いる必要があります．例えば，ソーシャルネットワーキングサービス (SNS) に投稿されたくだけたテキストを解析したいときは，SNS からテキストを収集することで，SNS を的確に捉えたコーパスが作成できます．同じ日本語といっても，ドメインやジャンルによってその使われ方は大きく変わります．新聞記事コーパスを基にした解析ツールを SNS テキストの解析に利用すると思ったように解析できない，といったことが頻繁に報告されています．

　言語解析の対象を限定せず，総体としての日本語を十分に捉えたコーパスを作成するためには，さまざまなジャンルのテキストを偏りなく一定量サンプリングする必要があります．このような手法で作成されたコーパスを**均衡コーパス**と呼びます．英語では，**Brown Corpus**，**British National Corpus (BNC)**，日本語では**現代書き言葉均衡コーパス (BCCWJ)** （詳細は 2.4.3 項）などがあります．

2.2.1 生コーパス

　単に文，あるいは文書を大規模に集めたコーパスを**生コーパス**と呼びます．統計的言語処理が大きく飛躍した 1990 年代前半は，ウェブがまだ普及していなかったこともあり，大規模な生コーパスといえば新聞記事でした．毎日新聞，読売新聞，朝日新聞，日本経済新聞などの新聞記事は，年単位で CD-ROM にまとめられ，研究目的で販売されています[34]．

　現在では，ウェブの膨大な文書が，規模，スタイルの多様性，さらに応用との親和性という観点から最も有益な生コーパスとして考えられています．日

[34] 例えば，毎日新聞の記事の CD-ROM は，日外アソシエーツ社のホームページから購入できます．http://www.nichigai.co.jp/sales/mainichi/mainichi-series.html

本では，2010年の著作権法改正によって，検索サービスや研究開発のためのウェブ文書の収集は合法化されました．しかし，再配布は認められていません．そのため，日本語のウェブコーパスは，個人，研究所，あるいは企業単位で個別に収集されているのが現状です．ウェブページの収集には**クローラ**と呼ばれる専用のソフトウェアを用います．特定のジャンルの小規模なウェブ文書であれば個人でも収集可能ですが，大規模データの収集には，収集先のサイトが高負荷にならないといったクローラの高度な運用が求められます．

一部のウェブサイトは，サイト上に収積された大規模なテキストデータをその著者に再利用の許諾をとることで再配布しています．その代表的なウェブサイトが Wikipedia です．Wikipedia の文書は，XML 形式でダウンロードでき，誰でも自由に利用できます[35]．さらに，XML から生テキストを取り出すプログラムも公開されており[36]，個人でも大規模な Wikipedia 文書を使った研究，開発が行えるようになりました．Wikipedia は，誰もが無料で自由に編集に参加できるという特徴から，さまざまなジャンルのテキストが含まれていると考えられます[37]．

また，大規模なクロール済みデータとして Common Crawl があり，日本語のデータも利用可能です[38]．

米国 Twitter 社の SNS サービス Twitter は，同サイトへの投稿を取得する API を提供しています[39]．Twitter の投稿は 140 文字以内の短文であり，省略，略語，スペルミス，スラングなどを多く含んでいる特徴があります．SNS サービスは即時性があり，主観的な表現を多く含んでいることから，同テキストからの情報抽出は市場の状況を即時に判断する用途で特に注目されています．また，ユーザ間の対話形式のやりとりも一部含まれているため，対話システムの研究にも使わています．

青空文庫（あおぞらぶんこ）[40] は，主に著作権の切れた小説や作品を収集，公開しているウェブサイトです．例えば，夏目漱石の『吾輩は猫である』や，太宰治の『人間失格』などがダウンロードできます．再配布が自由であり，内容が更新されないことから，言語解析システムのテスト，ベンチマーク，動作サンプルとしてしばしば用いられています．

2.2.2 注釈付きコーパス

生コーパスに対して，何らかの言語的な情報を付与したコーパスを**注釈付きコーパス (annotated corpus)** と呼びます．与える注釈は**タグ**と呼ばれる

---

[35] https://dumps.wikimedia.org/jawiki/

[36] http://medialab.di.unipi.it/wiki/Wikipedia_Extractor などさまざまなツールが公開されています．

[37] ただし，文体は Wikipedia のガイドラインに強く依存します．

[38] http://commoncrawl.org/

[39] https://developer.twitter.com/en/docs/tutorials/consuming-streaming-data

[40] http://www.aozora.gr.jp/

ことも多いため，注釈付きコーパスのことを**タグ付きコーパス**と呼ぶことがあります[41]．注釈付きコーパスに付加する情報としては，単語分割の情報，品詞，構文，係り受け情報，単語の意味（語義），テキストの談話構造など多岐にわたります．

注釈付きコーパスを構築することで，自然言語処理システムが解決すべき問題が明確になります．注釈付きコーパスは，それそのものがシステムが出力すべき正解となるため，機械学習の学習データとして利用できるのはもちろん，さまざまな手法を客観的に比較，議論することが可能となります．現代の日本語形態素解析，単語分割においても，手法間の客観的な比較のために，注釈付きコーパスから機械学習を用いてモデルの訓練を行うことが一般的です．

代表的な注釈付きコーパスとして，米国ペンシルベニア大学による **Penn Treebank (PTB)** [9] があります．**Penn Treebank** は，Brown Corpus や Wall Street Journal の記事の約 500 万語に品詞情報および構文情報を付与した大規模な注釈付きコーパスです．**Penn Treebank** は，統計的言語処理，機械学習に基づく言語処理の進展に大きく貢献してきました．**Penn Treebank** の成功に触発され，さまざまな言語において，品詞，構文情報が付与された注釈付きコーパスが構築されました．日本語においては，1995 年の毎日新聞の記事を対象にした**京都大学テキストコーパス** [10] があります．

注釈付きコーパスは，注釈が付与される前の生コーパスの著作権を継承します．フェアユースが認められていない日本では，生コーパスに注釈を付与した形式での配布が行えません．そのため，注釈のみを切り離して公開されることがあります．各注釈が生コーパスのどの位置に対応するか，といったオフセット情報を含んでおり，生コーパスを持っているユーザのみが注釈付きコーパスを復元できるような工夫がなされています．

2.3 形態素解析のための辞書

ここでは，形態素解析に利用可能な辞書をその特徴や用途とともに紹介します．

[41) また，タグがない生コーパスを，タグなしコーパスと呼ぶことがあります．

2.3.1 JUMAN 辞書

JUMAN 辞書は，形態素解析システム JUMAN に含まれている辞書です．JUMAN は，設計上，辞書とシステムの分離がなされていますが，JUMAN 辞書以外の運用実績はなく，事実上 JUMAN 辞書は，JUMAN のために設計された辞書といえます．

JUMAN 辞書は，益岡・田窪文法[11]をベースにしており，他の品詞体系がベースとしている学校文法とは一線を画しています．JUMAN 品詞体系では，形容動詞を認めておらず，判定詞，指示詞といった独自の品詞を導入しています．さらに，最も大きな違いに活用の扱い方があります．JUMAN 品詞体系では，学校文法で助動詞として扱う単語の多くが動詞の活用の一部として定義されています．表 2.4 に JUMAN 品詞体系の活用表の一部を示します．例えば，「見て」という表現は，「テ形」に動詞が活用変化した1語です．同じことが，「見よう」「見たり」といった語にもいえます．このように，活用変化を基本的な戦略としているため，ウェブ上のテキストを含む多種多様なテキストを解析するには，活用表を頻繁に更新する必要があります．事実，ウェブ上の崩れた活用や方言に対応するために JUMAN では実に多くの活用形が導入されてきました．この対応は場当たり的に見え，際限ないように思えますが，いったん定義してしまえば実用上の利点が生まれます．動詞の活用として表記することで，動詞とそれに後続する機能的表現を正規化する効果が生まれ，動詞が持つ本質的な意味を抽出しやすくなります．例えば，活用型の異なる3つの表現，「読んだり」「見たり」「したり」は，ともに動詞の「夕系連用タリ形」活用として同一に取り扱われます．どの活用型になるかは，構文解析や意味解析には重要ではなく，後続する構文解析や意味解析との接続性に長けています．

初期の JUMAN 辞書は，当時利用可能な辞書からさまざまな語彙を借用することで語彙のカバレッジを保っていました[42]．そのため，単語の粒度に一貫性が少なく，固有名詞のカバレッジもそれほど高くありませんでした．もちろん，語彙を継続的にメンテナンスすることも可能でしたが，JUMAN では，全体の語彙集合を基本語彙と拡張語彙に分割し，前者は数を制限し人手により精密に管理し，後者は自動獲得するという設計に変更しました．前者の基本語彙は，その後，代表表記やカテゴリ情報といった付加情報が付与され，継続的にメンテナンスされています．JUMAN 品詞体系は，活用変化の多用と自動獲得語彙の影響で平均的な単語長が長くなる傾向があります．

---

[42] カバレッジとは，現在の辞書が，対象となるテキストに出現する単語をどれだけ含んでいるかを割合で表したものです．

表 2.4　JUMAN 辞書の活用表（一部）
（φ は空文字を表す）

	活用型		
活用形	子音動詞マ行（読む）	母音動詞（見る）	サ変動詞（する）
語幹	読	見	す
基本形	む	る	する
未然形	ま	φ	さ
意志形	もう	よう	しよう
省略意志形	も	よ	しよ
命令形	め	ろ	しろ
基本条件形	めば	れば	すれば
基本連用形	み	φ	し
タ接連用形	ん	φ	し
タ形	んだ	た	し
タ系推量形	んだろう	たろう	したろう
タ系省略推量形	んたろ	たろ	したろ
タ系条件形	んだら	たら	したら
タ系連用テ形	んで	て	して
タ系連用タリ形	んだり	たり	したり
タ系連用チャ形	んじゃ	ちゃ	しちゃ
音便条件形	みゃ	りゃ	すりゃ
文語命令形	未定義	よ	せよ

　図 2.2 に JUMAN の辞書のエントリの一部を引用します．各エントリは S 式で構造化された形で表記されており，意味情報，代表表記，カテゴリといったさまざまな情報が与えられています．

2.3.2　ipadic

　ipadic[43] は，奈良先端科学技術大学院大学により公開されている形態素解析システム ChaSen 用の辞書として開発されました．情報処理振興事業協会（IPA）で定義された **IPA 品詞体系** をベースにさまざまな拡張がなされています．

　初期の ChaSen は，JUMAN と同様，形態素解析システムに ipadic を含んでいました．その後，ChaSen がシステムと辞書を明確に分離する設計になったため，ipadic は単独パッケージとして公開されるようになりました．この設計は，MeCab においても踏襲されています．

　IPA 品詞体系は，いわゆる学校文法をベースにしていますが，形容動詞を用いておらず，名詞の細分類（名詞-形容動詞語幹）として分類しています．

[43] https://ja.osdn.net/projects/ipadic/

```
(感動詞 ((読み ああ) (見出し語 ああ) (意味情報 "代表表記:ああ/ああ")))
(名詞 (普通名詞 ((読み あい) (見出し語 愛 (あい 1.6))
        (意味情報 "代表表記:愛/あい 漢字読み:音 カテゴリ:抽象物"))))
(名詞 (普通名詞 ((読み あい) (見出し語 藍 (あい 1.6))
        (意味情報 "代表表記:藍/あい カテゴリ:植物"))))
(名詞 (サ変名詞 ((読み あいいく)
        (見出し語 愛育 (あい育 1.6) (あいいく 1.6))
        (意味情報 "代表表記:愛育/あいいく
              カテゴリ:抽象物 ドメイン:家庭・暮らし"))))
(形容詞 ((読み あいいれない)
     (見出し語 相容れない あい容れない 相いれない あいいれない)
     (活用型 イ形容詞アウオ段)
     (意味情報 "代表表記:相容れない/あいいれない")))
(名詞 (普通名詞 ((読み あいいろ)
        (見出し語 藍色 (あい色 1.6) (あいいろ 1.6))
        (意味情報 "代表表記:藍色/あいいろ カテゴリ:色"))))
(名詞 (サ変名詞 ((読み あいいん)
        (見出し語 愛飲 (あい飲 1.6) (あいいん 1.6))
        (意味情報 "代表表記:愛飲/あいいん カテゴリ:抽象物
              ドメイン:料理・食事"))))
(名詞 (普通名詞 ((読み あいかぎ)
        (見出し語 合い鍵 合いかぎ (あいかぎ 1.6))
        (意味情報 "代表表記:合い鍵/あいかぎ カテゴリ:人工物-その他
              ドメイン:家庭・暮らし"))))
```

図 2.2 JUMAN 辞書の例

また，可能性に基づく品詞体系を採用しており，局所的な情報だけでは判断できない品詞については，併記することで明示的な分類を避けています．例えば，名詞，副詞の曖昧性がある単語「今日」の品詞は，「名詞-副詞可能」となります．IPA 品詞体系における活用は，学校文法のそれとほぼ同一です．ただし，終止形と連体形の区別を行うことは局所的な情報だけでは困難であるため，終止形は立てておらず，連体形と同一視されます．JUMAN 品詞体系が活用変化を多用するのに対し，ipadic は，それらを独立した形態素として定義しています．そのため，平均的な単語長は JUMAN 品詞体系に比べて短くなります．さらに，音声認識システムへの応用も視野に入れており，読みの他に発音情報が含まれています．例えば，「工藤」の読みは「くどう」ですが，発音は「くどー」となります．

ipadic は，2003 年を最後に更新が行われていません．語彙項目の不足は否めませんが，語彙項目そのものに対する目立った問題は報告されていません．

ipadic はよい意味で枯れた辞書であり，システムの安定運用や，ipadic をベースにした独自拡張に向いてます．例えば，オープンソースの日本語入力システム Mozc [44] は，ipadic をベースに語彙を拡充しています．後述する NEologd も同様に，Wikipedia 等から自動抽出した語彙を加えることで，ipadic の欠点を補っています．

[44] https://github.com/google/mozc

2.3.3 NAIST-jdic

NAIST-jdic[45] は，ipadic の後継として奈良先端科学技術大学院大学松本研究室にて開発されました．ipadic の固有名詞以外の全エントリの見直し，可能性に基づく品詞が整理されています．さらに，表記ゆれ情報および複合語の構造情報が新たな情報として付加されています．

ipadic には，ICOT 条項と呼ばれるライセンス上の問題がありました．ipadic をフリーソフトウェアとして配布したり，Linux ディストリビューションの標準パッケージとして認定を受けるには，同辞書のライセンスがフリーソフトウェアライセンスに矛盾しないことが要求されます．しかし，同辞書の英語のライセンス条項に，解釈によってはフリーソフトウェアとしては認められない使用制限が付与されていました．この条項を改変するような試みもなされましたが，当時の開発者から個別に承諾を取ることが難しく，最終的に辞書を再チェックすることで，ライセンスの変更を行いまいました．

このような努力にもかかわらず，2018 現在 NAIST-jdic はあまり使われていません．ipadic を採用する上での懸念であったライセンス問題については，ICOT 条項がフリーソフトウェアライセンスと矛盾しないとの結論が下され，ipadic が Ubuntu 等の大手 Linux ディストリビューションにてパッケージ化され，簡単にインストールできるようになりました[46]．また，NAIST-jdic は，基本語彙の抜けといった品質上の問題が報告されています[47]．表記ゆれといった付加情報は有益ですが，ipadic との差分が小さく，ライセンスの問題がクリアになったため，NAIST-jdic を積極的に採用する必要性が少なくなっています．

[45] https://ja.osdn.net/projects/naist-jdic/

[46] https://wiki.debian.org/IpadicLicense

[47] https://github.com/google/mozc/issues/20

2.3.4 UniDic

これまでの形態素解析辞書は，単語の単位，長さに対する一貫性の低さが問題となっていました．開発当時に利用可能だった用語リストなどから語彙を借用したり，開発者各人の場当たり的な語の登録により，特に名詞の単位

表 2.5　UniDic の最小単位の認定例

	分割例		
和語	言葉	寿司	母_親
漢語	白_紙	安_価	家_具

にばらつき，非一貫性が見られます．

　UniDic[48]では，国立国語研究所で規定された**短単位**と呼ばれるゆれのない斉一な単位で設計することで，一貫性の問題を解決しています．さらに，各見出し語に，**語彙素**，**語形**，**辞書形**，**発音形**といった階層構造を持たせることで，表記ゆれの差異を吸収できるような設計になっています．他の辞書に比べ，音声認識，音声合成処理に有益な連濁，助数詞の発音変化，アクセント情報等の韻律情報が豊富であることも特徴の一つです．

　ここで，UniDic の中心的な役割を果たしている**短単位**の概要を簡単に紹介します．短単位の認定は，現代語において意味の持つ最小単位の認定から始まります．その後，最小単位を文節境界の範囲内で**短単位認定規則**に従って結合していきます．

　最小単位は，これ以上分割できない最小の単位です．表 2.5 の例では，和語の「言葉」や「寿司」は，これ以上分割できないため，これらそのものが最小単位となります．「母親」は，和語であり，「母」と「親」に分割可能であるため，最小単位となりません．漢語の「白紙」「安価」「家具」は，漢語のみから構成される複合語であるため，文字単位に分割できます．一般に漢語は 1 漢字が 1 最小単位となります．漢語，和語以外にも外来語，記号等の最小単位も厳密に定義されています．詳細は文献 [8] をご覧ください．

　最小単位の連続は，**短単位認定規定**により結合が許されています．例えば，以下のように，一般の漢語，和語については，最小単位の二つの一次結合を一短単位として認定します．

$$
\begin{array}{llll}
母\_親 & \Rightarrow 母親 & 音\_声 & \Rightarrow 音声 \\
白\_紙 & \Rightarrow 白紙 & 安\_価 & \Rightarrow 安価 \\
家\_具 & \Rightarrow 家具 & 電\_源 & \Rightarrow 電源
\end{array}
$$

　UniDic では，最小単位の認定とその結合規則が厳密に定義されているため，個人によって捉え方に幅のある単語単位基準の標準化がなされています．この特徴は，辞書構築時の作業効率の向上につながるだけでなく，コーパスの使いやすさ，自動分析精度の確かさにも貢献しています．一方，最小単位の

[48] http://unidic.ninjal.ac.jp/

表 2.6　UniDic の階層構造

語彙素	語形	書字形
ヤハリ	ヤハリ	矢張り
		やはり
		矢張
	ヤッパリ	やっぱり
		ヤッパリ
		やっぱり
	ヤッパシ	やっぱし
	やっぱ	やっぱ

定義と短単位認定規定の機械的な語認定規則は，ときとして人間の直感に反することがあります．例えば，「苺狩り」と「葡萄狩り」は，それぞれ「果物＋狩り」という構造であるため，同様の分割が行われることが期待されます．しかし，UniDic では，前者は 1 語，後者は 2 語となります．「苺」（和語）と「狩り」（和語）は，短単位認定規定により結合されるのに対し，「葡萄」は，「葡」（漢語）「萄」（漢語）の一次結合であるため，これ以上の結合ができません．この違いは，ある意味で一貫しているといえますが，応用が求める一貫性と必ずしも一致するとは限りません．

　UniDic における語は，階層化した形で登録されており，階層構造の最上位を **語彙素** と呼び，この下に語形（読み）の違いを区別する層である **語形**，さらに語形の下に表記の違いを区別する層の **書字形** が続きます（表 2.6）.

　UniDic の品詞体系は，学校文法をベースとしています．学校文法の形容動詞は，その語幹部分のみが取り出され，形状詞として分類されます．また，可能性に基づく品詞体系を多用しており，ipadic や JUMAN 辞書で二つの品詞に分かれていたものが一つに合流しているものがあります．

　例として，「食べてみる」と「映画をみる」の JUMAN, ipadic, UniDic での解析結果を図 2.3 に示します．これら 2 文の「みる」は，見出し語は同じですがそれぞれ用法が異なります．前者は，動詞「食べる」を補助的に修飾する付属語，後者は本来の意味での自立語となります．JUMAN, ipadic は，品詞名は違うにせよ，「みる」に別の品詞を割り当てているのに対し，UniDic では，ともに「非自立可能」に分類され区別されません．この違いは軽微なものと思われるかもしれませんが，日本語の構文解析，特に文節を単位とする係り受け解析に大きな影響を与えます．日本語文法における文節は，自立

```
* JUMAN *
食べて たべて 食べる 動詞 2 * 0 母音動詞 1 タ系連用テ形 14
みる  みる  みる  接尾辞 14 動詞性接尾辞 7 母音動詞 1 基本形 2

映画 えいが 映画 名詞 6 普通名詞 1 * 0 * 0
を  を  を  助詞 9 格助詞 1 * 0 * 0 NIL
みる みる みる 動詞 2 * 0 母音動詞 1 基本形 2

* ipadic *
食べ    動詞,自立,*,*,一段,連用形,食べる,タベ,タベ
て      助詞,接続助詞,*,*,*,*,て,テ,テ
みる    動詞,非自立,*,*,一段,基本形,みる,ミル,ミル

映画    名詞,一般,*,*,*,*,映画,エイガ,エイガ
を      助詞,格助詞,一般,*,*,*,を,ヲ,ヲ
みる    動詞,自立,*,*,一段,基本形,みる,ミル,ミル

* UniDic *
食べ    動詞,一般,*,*,下一段-バ行,連用形-一般,タベル..
て      助詞,接続助詞,*,*,*,*,テ..
みる    動詞,非自立可能,*,*,上一段-マ行,終止形-一般,ミル..

映画    名詞,普通名詞,一般,*,*,*,エイガ..
を      助詞,格助詞,*,*,*,*,ヲ..
みる    動詞,非自立可能,*,*,上一段-マ行,終止形-一般,ミル..
```

図 2.3 「食べてみる」「映画をみる」の JUMAN, ipadic, UniDic での解析例

語とそれに後続する付属語列を基本的な単位としているため，自立語と付属語が区別できないと文節の正確な認定が行えません．この例以外にも，「階を数える」と「1 階」の「階」は，JUMAN 辞書，ipadic では，それぞれ一般名詞と助数詞として区別されていましたが，UniDic では，「名詞-普通名詞-助数詞可能」に合流しており，数値表現の処理には注意が必要です．これらの例のように，これまで JUMAN や ipadic による解析結果から簡単な規則で実現できた応用処理が，UniDic の結果からはできないことがあります．

UniDic では，表記の違いにかかわらず，辞書の見出し語として同一であれば同一の語彙として区別しない方針を取っています．この方針は，**語源主義に基づく脱文脈化**と呼ばれています．脱文脈化とは，「文脈に即した意味までは扱わない」という意味であり，文脈に応じて意味が変わる単語についてはその違いを区別せず，同一の形態素として扱います．脱文脈化の方針により，文脈に依存する曖昧性解消は極力扱わず，結果として可能性に基づく品詞体

```
* ipadic *
吉田山 名詞,固有名詞,一般,*,*,*,吉田山,ヨシダヤマ,ヨシダヤマ

筑波山 名詞,固有名詞,一般,*,*,*,筑波山,ツクバサン,ツクバサン

* UniDic *
吉田 名詞,固有名詞,人名,姓,*,*,ヨシダ
山 名詞,普通名詞,一般,*,*,*,ヤマ

筑波 名詞,固有名詞,地名,一般,*,*,ツクバ
山 名詞,普通名詞,一般,*,*,*,ヤマ
```

図 2.4 「吉田山」「筑波山」の ipadic, UniDic での解析例

系が多用されることになりました．

UniDic は，音声認識，音声合成に有益な韻律情報が豊富である一方，短単位の影響から単語の読み曖昧性問題を抱えることになりました．例えば，「〜山」の読みが「やま」になるか「さん」になるかは，法則性はなく事例ごとに異なるため，正確な読みを与えるには，〜山を含んだ複合語として認識させるほかありません．しかし，短単位では「〜山」は独立した形態素と定義されているため，形態素解析結果の読みをそのまま使うことはできず，固有名詞解析等の後処理が必要になります．そのため，UniDic は，読みの認定が直接精度に影響を及ぼすような応用（例えば，日本語入力）には適切ではありません．図 2.4 に「吉田山（よしだやま）」と「筑波山（つくばさん）」の ipadic と UniDic での解析例を示しました．ipadic では，これらは 1 形態素となり正しい読みが付与されています．UniDic では，デフォルトの読み「やま」が出力され，正しく解析されていません．

斉一な単位である短単位，脱文脈化，可能性に基づく品詞体系により，UniDic は単語長が短く，解消できる曖昧性の範囲が単純化されています．とはいえ，辞書項目の一貫性問題を解決した貢献は大きく，UniDic を使う研究者が近年増えてきています．

2.3.5 NEologd

NEologd[49] は，佐藤敏紀氏によって開発が続けられている ipadic および UniDic の 拡張辞書です．MeCab 上での使用を想定しており，MeCab のシステム辞書という形で配布されています．ipadic は，2003 年から更新が行わ

[49] https://github.com/neologd/mecab-ipadic-neologd

れておらず，固有名詞や新語に対応できない問題がありました．UniDic も程度の差はあるものの，同様の問題があります．NEologd は，多数のウェブ上の言語資源から得た固有名詞や新語を約 300 万単語（重複あり）採録しており，固有名詞や新語のカバレッジが大幅に改善されています．また，IPA 辞書に含まれるエントリの読み仮名に関する明らかなエラーが修正されています．2018 年現在，2 カ月に 1 度の頻度で更新が続けられていることも大きな特徴です．

NEologd は，文を形態素単位ではなく，固有名詞や複合名詞を長い単位として認定し，その読みを正確に付与することを目的としています．ipadic, UniDic の拡張辞書とされていますが，語の認定基準の違いから，元の辞書との差分が想像以上に大きくなっていることに注意が必要です．そのため，NEologd の特性をよく知った上で使用しないと，意図したとおりに動かないといった問題が発生します．

NEologd は，固有名詞の認定が直接精度に影響するようなタスクでその効果が期待できます．佐藤らは，文書分類に NEologd を適用し分類精度が向上したことを報告しています [12]．一方で，長い固有名詞の構成語が抽出できないことから，情報検索の索引に安易に用いると検索漏れの問題が発生します．例えば，「京都大学」が 1 語として認定されるため，「京都」で検索すると失敗します．形態素解析システム Sudachi は，NEologd にある長い固有名詞に対し，UniDic の短単位での分割情報を与えることで，固有名詞の認定をしつつ検索漏れが発生しないような工夫をしています．

2.4 形態素解析のための注釈付きコーパス

ここでは，形態素解析に利用可能なコーパスをその特徴や用途とともに紹介します．

2.4.1 京都大学テキストコーパス・KNB/KWDLC コーパス

JUMAN 品詞体系で構築された注釈付きコーパスに，京都大学テキストコーパス，**Kyoto University and NTT Blog (KNB)** コーパス，京都大学ウェブ文書リードコーパス **(KWDLC)** コーパスがあります．

京都大学テキストコーパスは，毎日新聞 1995 年 1 月 1 日から 17 日までの記

事約 2 万文，1995 年 1 月から 12 月までの社説記事約 2 万文を JUMAN および構文解析システム KNP を用いて形態素解析，構文解析を行い，その結果を人手で修正したコーパスです．利用するには，毎日新聞 1995 年の CD-ROM を別途購入する必要があります．

KNB コーパスは，京都観光，携帯電話，スポーツ，グルメに関するブログ記事約 4,000 文に形態素，構文，格，省略，照応，評判情報を付与したコーパスです．京都大学テキストコーパスに比べれば小規模ですが，生コーパスの著作権がコーパス作成者に譲渡されているため，自由に利用できます．

KWDLC コーパスは，さまざまなウェブ文書のリード（冒頭）3 文に各種言語情報を人手で付与したテキストコーパスです．ニュース記事，百科事典記事，ブログ，商用ページなど多様なジャンル，文体の文書を含んでいます．単語分割，形態素情報の他に，固有表現，構文，照応省略関係，共参照，談話関係の情報が付与されています．

2.4.2 RWC コーパス

RWC (Real World Computing) コーパスは，通商産業省（現経済産業省）配下の新情報処理開発機構が 1992 年から 2001 年にかけて開発をすすめていた IPA 品詞体系に基づく形態素解析済みコーパスです．毎日新聞 94 年度版の 3,000 記事，約 37,000 文について形態素情報が付与されています．ipadic や NAIST-jdic は，奈良先端科学技術大学院大学にて RWC コーパスを大幅に改変したコーパスからパラメータの学習を行っています．

RWC プロジェクトはすでに終了しており，2018 年現在，オリジナルの RWC コーパスが入手できません[50]．また，奈良先端科学技術大学院大学の改変履歴が残っていないため，ipadic の学習に使われた注釈付きコーパスの入手も困難です．しかし，1994 年の毎日新聞 CD-ROM を入手した上で，それを MeCab や ChaSen で自動解析することで，学習データを部分的に復元することが可能です．これは，MeCab や ChaSen の学習データに対する解析精度がほぼ 100%に近いことを利用した次善策ですが，完璧とはいえず，処理手順が明確化されていないため，再現性のある注釈付きコーパスとはいえません．

[50] 当時は 2,000 円で入手可能でした．

2.4.3 現代日本語書き言葉均衡コーパス (BCCWJ)

現代日本語書き言葉均衡コーパス Balanced Corpus of Contemporary

Written Japanese (BCCWJ) [51] は，国立国語研究所が中心となって開発が続けられている日本語に関する初の大規模均衡コーパスです．書籍，雑誌全般，新聞，白書，ブログ，ネット掲示板，教科書，法律などのさまざまなジャンルから1億430万語にも及ぶ大量のデータを収集し，各ジャンルについて無作為にサンプルを抽出しています．また，著作権処理を実施しており，全てのデータがウェブ経由もしくはDVDメディアとして公開されています．

また，同データの約9万単語（全体の約100分の1）は，コアデータと呼ばれ，人手によってチェック済みの短単位と長単位による形態素解析情報が付与されています．UniDicのパラメータはこのコアデータから学習されています．

BCCWJのコアデータに対して，係り受け情報付与した注釈付きコーパスも公開されており[52]，コーパスに基づく日本語統計的自然言語処理の標準的なデータとして利用されるようになってきました．

2.4.4 日本語話し言葉コーパス (CSJ)

日本語話し言葉コーパス (CSJ) は，国立国語研究所，情報通信研究機構，東京工業大学が共同開発した日本語の話し言葉コーパスです．学会講演と模擬講演の音声データ，それらの書き起こしテキスト，形態素，係り受け情報が利用可能です．日本語の自発音声を収集したデータとしては，質，量ともに世界最高水準の規模を誇ります．

話し言葉は，書き言葉と異なり，言いよどみや「えー」「あのー」等の会話の隙間を埋めるフィラーが出現することから，一般に解析が困難になります．また，書き言葉では，形態素解析の単位として文が用いられていましたが，話し言葉では，句読点が明示されず，言い換えや言い直しが頻出するため文を定義することが自明ではありません．そこで，CSJでは，文に代わる単位として節を採用しています．節は，あらかじめ登録された節パターンに該当する形態素がマッチしたときに節境界を挿入するパターンマッチ法によって認定しています．

CSJを学習データに用いた形態素解析辞書に**現代話し言葉 UniDic** [53] があります．現代話し言葉 UniDicの語彙項目はUniDicと同じものを用い，形態素解析器に用いるモデルパラメータが話し言葉向けにチューニングされています．

---

[51] http://pj.ninjal.ac.jp/corpus_center/bccwj/

[52] https://sites.google.com/site/masayua/bccwjdep

[53] http://unidic.ninjal.ac.jp/download#unidic_csj

表 2.7 形態素解析の辞書

	JUMAN 辞書	ipadic (NAIST-jdic)	UniDic	NEologd
注釈付きコーパス	京都大学テキストコーパス	RWC コーパス	BCCWJ コアデータ	RWC コーパス
形態素解析システム	JUMAN MeCab	ChaSen MeCab	MeCab KyTea Sudachi	MeCab Sudachi
元となる品詞体系	益岡・田窪文法	学校文法	学校文法	学校文法
単語長	長い	やや短い	短い	とても長い
語の斉一性	普通	普通	高い	低い
可能性に基づく品詞	少ない	普通	多い	普通

2.5 辞書の選び方

これまで，JUMAN 辞書，ipadic，NAIST-jdic，UniDic，NEologd を紹介しました．表 2.7 に，これらの辞書の特徴をまとめました．ここでは，これらの辞書の選択基準について説明します．

2.5.1 最適な辞書は応用ごとに変わる

どのような状況に対してもいつも性能のよいアルゴリズムは存在しません．これはノーフリーランチ定理として知られ，あらゆるタスクに万能なアルゴリズムを作ることに反対する論証として用いられてきました．辞書についても同じことがいえます．どのタスクに汎用的にも使える辞書は存在せず，応用ごとに最適な辞書は変わります．言われてみれば当たり前かもしれませんが，これまで研究者を含めて辞書を応用ごとに変えることはあまり行われていなかったように思います．研究室の方針，同僚，先輩が使っていたから，なんとなく新しそうだから，といった主観的な基準で辞書が選択されることも少なくありませんでした．自然言語処理の応用が多様化，高度化が著しい今日，辞書の選択も含めて応用タスクの最適化を行う必要があります．

2.5.2 単語長

単語の長さは辞書を選ぶ上での一つの基準となります。大きく分けて短い単位（短単位）と長い単位（長単位）の2種類がありますが、厳密に各辞書を短単位、長単位に分類できるわけではありません。UniDic は短い単位、JUMAN、NEologd は長い単位、ipadic はその中間に位置します。

一般に、短い単位を用いることで、再現率（求めるべき単語が正しく認定される精度）が高くなります。全文検索システムの索引等には短い単位が有効です。さらに、短い単位を使うことで、語彙のサイズが小さくなるため、ニューラル機械翻訳等の語彙サイズに制限があるタスクにも有効です。

長い単位は、長い文脈を一度に考慮できるため、精度（抽出された単語がどれだけ正しいか）が高くなる傾向があります。長い単位では、固有名詞が1形態素として認定されることが多いため、固有名詞の抽出がダイレクトに精度に反映するようなタスク、例えば文書分類等に有効です。さらに、長い単位は、音声認識や日本語入力のように、単語の読みを必要とするタスクに有効です。「奈良先端科学技術大学院大学」等の長い固有名詞の読みは、文脈に依存しないため、短い単位の連続として記述するよりも、固有名詞そのものの読みを辞書として登録するほうが認識精度が高くなります[54]。また、長い単位は、複合語としての意味を捉えながらさまざまな付加情報を与えることができます。付加情報として、表記の正規化、意味カテゴリ、ドメイン等があります。例えば、「夏目漱石」「京都駅」を一語とする単位では、「作家」「駅名」といったカテゴリを付与することが可能です。一方、「夏目␣漱石」「京都␣駅」に分割する単位ではそのようなカテゴリが定義できません。

2.5.3 何の曖昧性を解消しようとしているのか?

単語分割、品詞推定は一種の曖昧性解消タスクを解いています。例として、次の二つの文を考えてみましょう。

1. 寿司を食べるのだ．
2. 寿司を食べるのが好きだ．

これらの「の」の用法は異なります。1. は断定の意味を加える助動詞的な用法、2. は、「こと」と言い換えられることから、名詞的な用法です。JUMAN 辞書では、「の」の扱いを、前者は助動詞「のだ」の活用の一部、前者を名詞として区別していますが、ipadic や UniDic では、ともに名詞と分類され区

[54] 再現率、精度と単語長の関係については第8章にて詳しく述べます。

```
* JUMAN *
食べる たべる 食べる 動詞 2 * 0 母音動詞 1 基本形 2
のだ のだ のだ 助動詞 5 * 0 ナ形容詞 21 基本形 2 NIL

食べる たべる 食べる 動詞 2 * 0 母音動詞 1 基本形 2
の の の 名詞 6 形式名詞 8 * 0 * 0 NIL
が が が 助詞 9 格助詞 1 * 0 * 0 NIL

* ipadic *
食べる 動詞,自立,*,*,一段,基本形,食べる,タベル,タベル
の 名詞,非自立,一般,*,*,*,の,ノ,ノ
だ 助動詞,*,*,*,特殊・ダ,基本形,だ,ダ,ダ

食べる 動詞,自立,*,*,一段,基本形,食べる,タベル,タベル
の 名詞,非自立,一般,*,*,*,の,ノ,ノ
が 助詞,格助詞,一般,*,*,*,が,ガ,ガ
```

図 2.5 「食べるのだ」「食べるのが」の JUMAN, ipadic での解析例

別しません（図 2.5）．

「の」の例のように，分割および品詞付与による曖昧性解消の範囲は，形態素解析システム，辞書ごとに異なります．もし，システム A がある用法の曖昧性解消を行うシステム，システム B が解消を行わないシステムだとしたら，どのようなことが起きるでしょう．システム A の精度は，曖昧性解消の誤りが含まれるようになり，B より低くなるかもしれません．しかしここから，システム A が劣っていると結論付けるのは誤りです．曖昧性解消の範囲が広くなれば，それだけ精度が低くなります．多少の誤りがあってもその用法の曖昧性解消が現在の応用先で重要だった場合，精度と有益性が逆転することがあります．つまり，異なる単語分割基準，品詞体系によって構築された複数のシステムは，それぞれ解こうとしている問題の範囲が異なるため，同じ土俵で評価してはいけません．報告されている精度だけではなく，各システムがどんな曖昧性を解消しようとしているのか十分吟味した上で，システム，辞書を選択しなければなりません．また，形態素解析システムは，何らかの応用システムに対するミドルウェアであることを考慮すると，形態素解析システム単体での精度比較よりはむしろ，応用処理を含めた精度で比較するほうが適切といえます．

では，それぞれの辞書は曖昧性解消という観点からどのような特徴を持っているのでしょうか．JUMAN 辞書は，他の辞書が 1 形態素として認定して

いる機能語列を，活用の一部として認定しているため，動詞と機能語の列をまとまった一つの表現と認識することができます．また，可能性に基づく品詞体系があまり使われておらず，他のシステムに比べ曖昧性対象の範囲が大きいことが特徴です．これらの特徴は，構文解析や意味解析に有効です．表記ゆれ，意味タグ等の情報が利用可能であり，単純なタスクであれば，解析結果を簡単なルールで処理するだけで実現できます．

UniDicの特徴は，表記ゆれ，読み，発音，アクセント情報等の表記に関する情報が充実していることです．表記にまつわる処理，例えば，音声認識，音声合成に向いています．また，UniDicは，単語長が短いことから，全文検索の索引付けに有効です．一方，UniDicは，文脈的な影響を極力排除した脱文脈化に基づいているため，細かい語義や品詞までは考慮されておらず，構文解析や意味解析に向いていません．構文解析には，構文機能に着目した長単位の使用が推奨されています[55] [56]．また，日本語の読みは，文脈的な影響に大きく左右されたり，当て字や例外的な読みが多いことから，長い単位に読みを直接付与するほうが読み推定の精度が上がります．そのため，短単位を前提とするUniDicは，単語の読み推定やそれを応用とするタスク（例えば，日本語入力）に不向きといえます．

2.6 まとめ

本章では，自然言語処理システムの構築に必要なコーパスと辞書について説明しました．日本語処理には，JUMAN, ipadic, UniDicといった複数の辞書，京都大学テキストコーパス，RWCテキストコーパス，BCCWJといった複数の注釈付きコーパスが利用可能であり，研究のみならずさまざまな応用で利用されています．このように，複数の言語資源が利用可能な言語は珍しく，日本語解析は資源的に恵まれた環境であるといえます．

一方で，複数の資源があるからこそ目的にあった資源を適切に使い分けなければなりません．個々の辞書やコーパスの開発指針や曖昧性解消の対象を十分理解しないまま実応用に適用すると，応用が求めるニーズにマッチせず思ったとおりに動かないといった問題が発生します．辞書の中身を目で見て解析システムを実際に動かして，目的に応じて言語資源を選択する必要があります．

---

[55] http://unidic.ninjal.ac.jp/about_unidic/

[56] UniDicの長単位解析器にComainu https://ja.osdn.net/projects/comainu/があります．

第3章

テキスト処理の基礎

自然言語処理システムを開発するにあたり，まず最初に決めなければならないことが，テキストの表現，処理方法です．**文字列 (string)** は，テキストを格納する最も基本的なデータ構造であり，多くのプログラミング言語が文字列を標準データ構造として提供しています．しかし，ひとえに文字列といっても，各文字が内部でどのように表現されているかは，プログラミング言語，オペレーティングシステムによって異なります．形態素解析システムをスクラッチから実装するには，文字列の表現方法を開発者自身が決定しなければなりません．本章では，文字列の実現方法の概要と C++ による具体的な実装について説明します．

3.1 文字コード

文字コードとは，コンピュータ上で各文字に一意に割り当てられる数値（バイト表現）のことです．文字コードは，さまざまな意味で使われ，混同される概念です．文字とバイト表現の対応表を文字コードと呼んだり，文字の定義そのものも文字コードに含めることもあります．

文字コードは，**符号化文字集合**と**符号化方式**の二つの概念に区別されます．文字集合を定義しその集合内の各文字に一意の数値を関連付ける規則を**符号化文字集合**と言います．例えば，**ASCII** コードでは，「a」は 97 番に対応付けられています．各文字に対応付けられた番号をその文字の**コードポイント**と呼びます．規格化されている代表的な符号化文字集合に **ASCII**，**JIS**（JIS X 0201，JIS X 0208，JIS X 0213），**Unicode** などがあります．

表 3.1 符号化文字集合と符号化方式

符号化文字集合	文字符号化方式
ISO/IEC 646 (ASCII)	ASCII
JIS (JISX0201, JISX0208, JISX0213)	ISO-2022-JP Shift_JIS EUC-JP
Unicode	UTF-8 UTF-7 UTF-16 UTF-32 Punycode
GB 2312-80	EUC-CN
Big5	なし
KS X 1001	EUC-KR

符号化文字集合は，理論的な対応表であり，コードポイントをそのまま入出力に使えるわけではありません．例えば，Unicode のコードポイントは 最大 21bit の整数値ですが[57]，8bit のバイト列しか扱えないシステムでは，21bit 整数値を何らかの形で 8bit バイト列に**符号化（エンコード）**して処理を行います．逆に，符号化されたバイト列を**復号（デコード）**することでコードポイントに変換します．これら符号化，復号の規則のことをまとめて**符号化方式**と呼びます．符号化，復号は可逆変換であり，コードポイントと符号化されたデータは一対一の関係にあります．特定の符号化文字集合と符号化方式との組み合わせによって実現する文字列の表現を**符号化表現（キャラクタセット）**と呼びます．多くの文字コードは，符号化文字集合と符号化方式のペアで規定されますが，Big5 のように，それらが一体化したコードも存在します．表 3.1 に，主な符号化文字集合とそれに対応する符号化方式をまとめました．

符号化方式のうち，1 文字を複数のバイト列に符号化する符号化方式を**マルチバイト符号化**，符号化された文字列を**マルチバイト文字列**と呼びます．マルチバイト符号化は，原則 ASCII コードをベースとし，ASCII コードの範囲外 (0x80-0xFF) で始まるバイト列に ASCII 以外の文字集合を符号化します．1 文字のバイト数が可変になるため，プログラムで扱うときには注意が必要です．マルチバイト文字列は，ASCII のみを扱うシステムと高い互換性があり，通常そのスーパーセットとして設計されます．

[57] 計算機上で Unicode コードポイントを扱う場合は，32bit の整数とみなすことが一般的です．

ISO-2022-JPコード（通称JISコード）は，同じマルチバイト文字列でも，ISO/IEC 2022で定義されたエスケープシーケンスを用いて，文字コードを動的に切り替えることで，ASCIIコードの範囲にもASCII以外の文字集合を符号化します．現在の文字がどちらの文字コードを意味しているかは，文字列全体を見ないとわかりません．

異なる文字コードで符号化された文字列やファイルを別の文字コードに変換するには，iconvやnkf等の**文字コード変換プログラム**を用います．これらのツールは，まず，符号化された文字列を復号してコードポイント列を取得します．変換元と変換先が，同一の符号化文字集合である場合は，このまま変換先の符号化方式で符号化すれば処理は終わります．異なる符号化文字集合を用いる場合は，文字集合間の対応表を使って変換した後，符号化を行います．例えば，JISX0208とUnicodeの対応表はUnicodeのページからダウンロードできます[58]．異なる符号化文字集合間には完全な一対一対応がないため，変換が成功する保証がなく，代替文字に置き換えられる場合があります．

また，変換元，変換先の符号化文字集合によっては，文字数が増減することがあります．例えば，JISX2013では，濁点付きひらがな「か ゚」が1文字で表現されているのに対し，Unicodeには対応する文字がなく，2文字で表します．

[58] http://unicode.org/Public/MAPPINGS/OBSOLETE/EASTASIA/JIS/JIS0208.TXT

3.2 UnicodeとUTF-8

ここでは，代表的な符号化文字集合とその符号化方式である，**Unicode**と**UTF-8**について詳しく説明します．

Unicodeは，全世界で使われる文字の統一的な文字コードとして開発されました．1980年代後半から設計検討が始まり，1991年にバージョン1.0が公開されました．当初，16bit（最大65536文字）あれば世界中の全ての文字を収録するには十分だという楽観的な試算のもとで開発がすすめられました．しかし，当初の設計者が想定していなかったようなマイナー言語の文字，古語の文字等を含めると，16bitでは表現できないことがわかり，バージョン2.0には21bitまで拡張されました．ちなみに，拡張前からある16bitのコードポイント領域を**基本多言語面 (Basic Multilingual Plain, BMP)** と呼びます．Unicodeにおけるコードポイントは，U+の後に16進数を続けて表現します．

表 3.2 UTF-8 の符号化方式

Unicode の範囲	変換後のバイト列（5バイト以上は定義外シーケンス）
U+0000 ... U+007F	0xxxxxxx
U+0080 ... U+07FF	110xxxxx 10xxxxxx
U+0800 ... U+FFFF	1110xxxx 10xxxxxx 10xxxxxx
U+10000 ... U+1FFFFF	11110xxx 10xxxxxx 10xxxxxx 10xxxxxx
U+200000 ... U+3FFFFFF	111110xx 10xxxxxx 10xxxxxx 10xxxxxx 10xxxxxx
U+4000000 ... U+7FFFFFFF	1111110x 10xxxxxx 10xxxxxx 10xxxxxx 10xxxxxx 10xxxxxx

U+0000〜U+007F は ASCII と同様であり，ひらがな，カタカナ，CJK 統合漢字は，それぞれ U+3040〜U+30FF, U+4E00〜U+9FFF の BMP 領域に割り当てられています．

UTF-8 は，ベル研究所において Plan9[59] で用いる Unicode 符号化方式として，ロブ・パイク，ケン・トンプソンによって考案されました[60]．UTF-8 は，Unicode のデータ交換方式，ファイル形式として一般的に用いられています．ASCII と互換性を持たせるため UTF-8 では，ASCII と同じ部分は，1 バイト，その他は，2〜4 バイトで文字を符号化します．

表 3.2 に Unicode とそれに対応する UTF-8 の符号化列を示します．UTF-8 の最大の特徴は，文字のバイト長が 1 バイト目を見るだけで判定できることです．符号化列の 1 バイト目の連続する 1 ビットの個数でその文字のバイト数を表現しています．2 バイト目以降は，ビットパターン "10" で始まり，その後に元にコードポイントの 2 進表現を左詰めで挿入します．2 バイト目以降のビットパターンは 1 バイト目のパターンと重ならないため，今のバイト列が文字の境界か，先頭か確実に判定することができます．Unicode は 21bit のコードポイントであるため，UTF-8 は，最大で 4 バイトの可変長コードとなります．一方，符号化方式としては，21bit 以降も同様の手続きを続けていくことで，最大 31bit のコードポイントを 6 バイトに符号化することが可能ですが，実際には使われません．また，UTF-8 文字列を単なるバイト列としてみなし，辞書順にならべ替えた結果は，Unicode の 辞書順の結果と等しくなる特徴があります．

UTF-8 のバイト列を扱うには，最低限以下の関数を実装する必要があります．

- UTF-8 の Unicode 1 文字あたりのバイト長を返す関数 (OneCharLen)

---

[59] Plan9 は，ベル研究所で開発された主に研究用に使われている分散オペレーティングシステムです．

[60] http://doc.cat-v.org/bell_labs/utf-8_history に歴史が詳しく書かれています．

```
int OneCharLen(const char* src) {
  return "\1\1\1\1\1\1\1\1\1\1\1\1\2\2\3\4"[(*src & 0xFF) >> 4];
}
```

図 3.1　UTF-8 のバイト長の計算（TensorFlow のコードから引用）

- Unicode から UTF-8 バイト列への**符号化** (EncodeUTF8)
- UTF-8 バイト列から Unicode への**復号** (DecodeUTF8)

UTF-8 のバイト長の算出は，1 バイト目だけを見ればよく，図 3.1 の OneCharLen 関数で行えます．Unicode から UTF8 へのエンコード，デコードは，入力の Unicode のコードポイントごとに処理を分けて行います．図 3.2，図 3.3 に実装例を示します．

3.3　UCS 正規化 と CSI

多言語の文字列を扱う方針に，**UCS (Universal Character Set) 正規化** と **CSI (Code Set Independent)** の二つが存在します．もともとプログラミング言語の中で多言語処理を行う際の指針として導入された概念ですが，文字列を扱うあらゆるソフトウェアにもあてはまる概念であり，何かシステムを構築する際には，どちらの方針を採用するか決める必要があります．とはいえ，開発に用いたプログラミング言語の方針に合わせることが一般的です．C/C++ はどちらの方針も採用できます．

UCS 正規化方式では，システムの内部コードを唯一無二の文字集合 **UCS (Universal Character Set)** に統一し，システムではこのコードに決め打ちして文字を扱います．UCS 以外の文字列の入出力には，UCS へのエンコード，UCS からのデコードを行います．UCS 正規化方式は，Perl，Python，Java，Windows，MacOS 等の多くの言語，オペレーティングシステムで採用されています．Unicode の普及が UCS 正規化方式の採用を後押ししているのは言うまでもありません[61]．UCS 正規化方式の利点は，現実的な割り切りがもたらす処理の簡素化です．文字コードの差異が隠蔽されているため，プログラマは UCS のことだけ考えればよく，文字コードの違いに応じて処理を切り替える必要がありません．エンコード，デコード処理は，実際の処理

[61] UCS の U は Unicode と誤解されることがありますが，あながち間違いではありません．

```cpp
// コードポイント c を符号化して output に保存
// マルチバイト文字列長を返す
size_t EncodeUTF8(char32_t c, char *output) {
  if (c == 0) {
    output[0] = '\0';
    return 0;
  } else if (c <= 0x7F) {
    *output = static_cast<char>(c);
    return 1;
  } else if (c <= 0x7FF) {
    output[1] = 0x80 | (c & 0x3F);
    c >>= 6;
    output[0] = 0xC0 | c;
    return 2;
  } else if (c <= 0xFFFF) {
    output[2] = 0x80 | (c & 0x3F);
    c >>= 6;
    output[1] = 0x80 | (c & 0x3F);
    c >>= 6;
    output[0] = 0xE0 | c;
    return 3;
  } else {
    output[3] = 0x80 | (c & 0x3F);
    c >>= 6;
    output[2] = 0x80 | (c & 0x3F);
    c >>= 6;
    output[1] = 0x80 | (c & 0x3F);
    c >>= 6;
    output[0] = 0xF0 | c;
    return 4;
  }
}
```

図 3.2 UTF-8 の符号化関数 (EncodeUTF8)

と独立した前処理，後処理であるため，文字コードの拡張が容易に行えます．さらに，言語の異なる複数のテキストを同一の文字列に格納可能であり，多言語処理が楽に行えます．欠点は，エンコード，デコード時の情報落ちです．世の中の全ての文字コードが可逆的に UCS に変換できることが理想ですが，現実には変換時に情報が欠落してしまう文字集合が存在します．変換に失敗したときは「?」や「■」等の代替文字に置き換えられることがあります．

CSI (Code Set Independent) は，唯一無二の文字コードを仮定せず，全ての文字コードを対等に扱います．CSI では，符号化されたバイト列から

```cpp
// [begin, end) の先頭の 1 文字を復号
// mblen には消費したマルチバイト文字長さが保持される
char32_t DecodeUTF8 (const char *begin, const char *end,
                     size_t *mblen) {
 const size_t len = end - begin;
 // 日本語 UTF-8 を最初にチェックし高速化
 if (len >= 3 && (begin[0] & 0xF0) == 0xE0) {
   *mblen = 3;
   return (((begin[0] & 0x0F) << 12) | ((begin[1] & 0x3F) << 6) |
           ((begin[2] & 0x3F))) ;
 } else if (static_cast<unsigned char>(begin[0]) < 0x80) {
   *mblen = 1;
   return static_cast<unsigned char>(begin[0]);
 } else if (len >= 2 && (begin[0] & 0xE0) == 0xC0) {
   *mblen = 2;
   return (((begin[0] & 0x1f) << 6) | ((begin[1] & 0x3F)));
 } else if (len >= 4 && (begin[0] & 0xF8) == 0xF0) {
   *mblen = 4;
   return (((begin[0] & 0x07) << 18) | ((begin[1] & 0x3F) << 12) |
           ((begin[2] & 0x3F) << 6) | ((begin[3] & 0x3F))) ;
 }

 // 不正な UTF-8
 *mblen = 1;
 return 0;
}
```

図 3.3 UTF-8 の復号関数 (DecodeUTF8)

文字を取り出すといった文字列に関する基本的なインターフェイスを定義し，プログラムはその共通したインターフェイス経由で該当文字コードを扱います．内部のコードにエンコード，デコードする概念がなく，直接該当文字コードの文字列を扱うため，UCS 正規化のような情報落ちの問題がありません．また，入力された文字列をデコードすることなく直接扱えるので，処理が高速になります．欠点は実装の複雑性です．UCS では，符号化，復号のみを提供すればよかったのに対し，CSI では文字列操作のための複雑なロジックを文字コードごとに実装する必要があります．文字コードに依存しないシステムは，ある意味理想的ですが，実装の複雑性と Unicode の普及から採用するシステムは年々減ってきています．Ruby は CSI を採用している代表的なプログラミング言語です．

　MeCab は，CSI を採用しており，日本語が扱える代表的な文字符号化方

式である EUC-JP，Shift_JIS，UTF-8 をサポートしています．MeCab の辞書は文字コードの情報を保持しており，上記 3 種類の辞書を構築することが可能です．MeCab の開発が始まった 2000 年代の前半は，JIS コードから Unicode への移行が始まった時期であったため，それぞれの文字コードを対等に扱う CSI のほうが現実的でした．しかし，これら 3 種類の文字コードを扱うために，文字処理に関するコードは 3 倍に増えます．例えば，ひらがな，カタカナといった文字種を判定するためのコードは文字コードごとに個別に実装しています．これから MeCab を再実装することがあれば，おそらく実装が楽な UCS 正規化を採用するでしょう．

3.4 UTF-8 による UCS 正規化

UCS 正規化では，システム内部の文字コードを一つのコードに決め打ちします．どのコードに決め打ちするかは，プログラミング言語や環境によって異なります．

Perl は，UTF-8 を内部コードに用いています．UTF-8 は可変長エンコーディングであり，文字バイト長を常に管理する手間がかかりますが，使用頻度の高い ASCII コードは 1 バイトしか使わないため，メモリの使用効率が高いという利点があります．

Java，JavaScript，Windows は，UTF-16 を内部コードに用いています．初期の Unicode は，全ての文字を 16bit の固定長で表現しており，内部コードと実際の文字が一対一対応していました．その後，16bit 固定長で世界の文字を表現することが不可能であることがわかると，Unicode2.0 からサロゲートペアという二つの内部コードによって 1 文字を表現する仕組みが導入されました．サロゲートペアにより，そもそも固定長の利点が失われ，さらに実質可変長コードになったことで，複雑な実装を強いられることになりました．1990 年代前半に，当時新進気鋭の Unicode を採用する技術的判断を下したこれらのプログラミング言語，オペレーティングシステムは，皮肉にも扱いの困難な UTF-16 を成り行き上使い続けています．

UTF-32 を内部コードに採用することも可能ですが，全ての文字を 4byte で表現するためメモリ効率がよくありません．そのため，実際に採用されているシステムは多くありません．

Python の内部コードはバージョンによって異なります．バージョン 3.2 以

前は，ビルド時に内部コードを UTF-16, UTF-32 から選択する方式を採用していました．3.3 からは，格納する文字によって内部コードを変更する **PEP 393 (Flexible String Representation)** という方式が採用されています．文字列が ASCII のみで構成される場合は ASCII，基本多言語面 (BMP) のみで構成される場合は UTF-16，それ以外は UTF-32 を用います．Python 3.3 のメモリ使用は Python 3.2 の 2〜3 倍小さくなることがベンチマークにより明らかになっています．

それでは，C/C++ を使って形態素解析システムを実装する際，どのコードを内部表現に使ったらよいでしょう．おすすめは，UTF-8 です．以下にその理由を述べます．

- UTF-8 は，さまざまなプログラミング言語，オペレーティングシステムで標準的に利用されており，移植性が高い．
- UTF-8 の文字列を入出力とする場合は，UTF-8 へのデコード，エンコード処理が不要になり，高速動作が実現できる．
- UTF-8 から Unicode への復号が比較的簡単で処理も高速である．
- UTF-16 は，本来の固定長の利点が失われ，同じ可変長の符号化を行う UTF-8 に比べて無駄が多く，積極的に採用する利点が少ない．

UTF-8 を UCS に用いるシステムでは，内部の文字列表現の全て（辞書，設定ファイル，入出力）を UTF-8 で符号化します．システム内部では，UTF-8 文字列を直接扱い，必要に応じて Unicode への復号を行います．例えば，文字種の判定は，無理に UTF-8 で行うよりは，Unicode コードポイント上で行ったほうが簡単です．

3.5 文字種の判定

日本語は，ひらがな，カタカナ，漢字，アルファベットといった複数の文字を用いる言語です．文字種が切り替わる箇所は，単語の境界である可能性が高いため，多くの形態素解析，単語分割システムは，文字種を単語分割のヒントとして利用しています．文字種の判定は，Unicode コードポイントで行えます．例えば，コードポイントがひらがなかどうかを判定するコードは図 3.4 のようになります．

処理対象が日本語のみであれば，文字種の判定処理を手で書いてもそれほ

```
bool IsHiragana(char32_t codepoint) {
    return (codepoint >= 0x3041 && codepoint <= 0x3096);
}
```

図 **3.4** ひらがなの判定

と問題になりません．しかし，キリル文字，ギリシャ文字といった個別の文字種の判定のために，コードポイントを列挙していくのは骨の折れる作業です．

　Unicode では，このような要望に応えるため，各文字を文字の**特性**（プロパティ）[62]，言語別の**書記体系**（スクリプト）[63]，文字コード上の**範囲**（ブロック）[64]の三つの概念で分類しています．プロパティは，「空白」「罫線」といった言語に依存しない役割による分類，スクリプトは，言語別の文字種の情報，ブロックは連続するコードポイントで構成される大ざっぱな分類です．字種の判定には，書記体系（スクリプト）を用いますが，適宜，プロパティ，ブロックを組み合わせてもよいでしょう．

　上記の文字に関する情報は，Unicode の文字データベースに定義されています．図 3.5 に書記体系（スクリプト）データベースの例を示します．このテキストデータを参照しながら，文字種判定のコードを人手で書いてもかまいませんが，Perl や Python などのスクリプト言語を用いて文字種判定用の C++ コードを生成することで，網羅性の高い文字種判定コードを作成できます．図 3.6 の Perl プログラムは，書記体系（スクリプト）定義ファイル (Scripts.txt) を入力とし，キーを Unicode コードポイント，値に文字種を持つ std::unordered_map を初期化する C++ コードを出力します．図 3.7 に生成された C++ コードを示します．

　文字データベースは，文字に関するさまざまな処理の自動化に貢献しますが，万能ではありません．日本語処理において特に問題となる点に，「ー」（長音記号）の扱いがあります．Unicode では，長音は Katakana ブロック，Common スクリプトに分類されています．つまり，文字種だけをみると記号扱いなのです．長音記号は，ひらがなの一部として機能するため，「ひらがなもしくはカタカナ」となるような工夫が必要です．

[62] http://www.unicode.org/Public/UCD/latest/ucd/PropList.txt

[63] http://www.unicode.org/Public/UCD/latest/ucd/Scripts.txt

[64] http://www.unicode.org/Public/UCD/latest/ucd/Blocks.txt

```
# ================================================
3041..3096    ; Hiragana # Lo  [86] HIRAGANA LETTER SMALL A..
309D..309E    ; Hiragana # Lm   [2] HIRAGANA ITERATION MARK..
309F          ; Hiragana # Lo       HIRAGANA DIGRAPH YORI
1B001         ; Hiragana # Lo       HIRAGANA LETTER ARCHAIC YE
1F200         ; Hiragana # So       SQUARE HIRAGANA HOKA

# ================================================
30A1..30FA    ; Katakana # Lo  [90] KATAKANA LETTER SMALL A..
30FD..30FE    ; Katakana # Lm   [2] KATAKANA ITERATION MARK..
30FF          ; Katakana # Lo       KATAKANA DIGRAPH KOTO
31F0..31FF    ; Katakana # Lo  [16] KATAKANA LETTER SMALL KU..
32D0..32FE    ; Katakana # So  [47] CIRCLED KATAKANA A..CIRCLED
3300..3357    ; Katakana # So  [88] SQUARE APAATO..SQUARE WATTO
FF66..FF6F    ; Katakana # Lo  [10] HALFWIDTH KATAKANA LETTER WO..
FF71..FF9D    ; Katakana # Lo  [45] HALFWIDTH KATAKANA LETTER A..
1B000         ; Katakana # Lo       KATAKANA LETTER ARCHAIC E
```

図 3.5 Unicode の書記体系データベースの一部 (Script.txt)

```perl
#!/usr/bin/perl

# ScriptType は, U_スクリプト名 (例: U_Hiragana) を値とする enum を事
前に定義しておく
print "inline void InitTable";
print "(std::unordered_map<char32_t, ScriptType> *smap) {\n";

while (<>) {
  chomp;
  if (/^([0-9A-F]+)\s+;\s+(\S+)\s+\#/) {
    printf("  (*smap)[0x%s] = U_%s;\n", $1, $2);
  } elsif (/^([0-9A-F]+)\.\.([0-9A-F]+)\s+;\s+(\S+)\s+\#/) {
    printf("  for (char32_t c = 0x%s; c <= 0x%s; ++c)\n", $1, $2);
    printf("    (*smap)[c] = U_%s;\n", $3);
  }
}
print "}\n";
```

図 3.6 文字種判定用 C++ コードを Scripts.txt から生成する Perl スクリプト

```
enum ScriptType {  U_Hiragana, U_Katakana ... }
// key: コードポイント
// value: ScriptType の enum.
void InitTable(std::unordered_map<char32_t, ScriptType> *smap) {
 for (char32_t c = 0x0000; c <= 0x001F; ++c)
    (*smap)[c] = U_Common;
 (*smap)[0x0020] = U_Common;
 for (char32_t c = 0x0021; c <= 0x0023; ++c)
    (*smap)[c] = U_Common;
 ... 中略
 for (char32_t c = 0x3041; c <= 0x3096; ++c)
    (*smap)[c] = U_Hiragana;
 for (char32_t c = 0x309D; c <= 0x309E; ++c)
    (*smap)[c] = U_Hiragana;
 (*smap)[0x309F] = U_Hiragana;
 (*smap)[0x1B001] = U_Hiragana;
 ... 中略
}
```

図 3.7　自動生成された文字種判定 C++コード

3.6　文字の正規化

　機能的，意味的に同一とみなせる文字が，異なるコードポイントやバイト列に割り当てられていることがあります．代表的な例が，全角，半角文字です．例えば，半角「A」と全角「Ａ」は，意味的には同一ですが，コードポイントは，それぞれ U+0041，U+FF21 と異なります．インターネット上のテキストは，半角，全角に限らずさまざまな表記が用いられます．機能的，意味的に同一とみなせる文字を**正規化**することは，自然言語システムの精度向上のために重要な処理です．

　どのような文字を同一視し，どの文字に正規化するかは，Unicode が普及する前までは開発者自身が定義していました．アルファベットの全角，半角程度であれば簡単に定義できますが，半角カタカナ→全角カタカナ，丸数字→数字，旧字体/異体字→新字体のように，正規化したほうがよいと思われる文字は多数あり，処理の再現性を確保するためにも，何か共通して使える正規化手法がほしくなります．

　そこで，Unicode では，**正準等価**と**互換等価**の二つの同一性，**分解**と**合成**の

二つの生成方法から構成される合計 4 通りの汎用的で再現性のある正規化手法を提供しています．

正準等価は，文字の視覚的，機能的な同一性を定めています．Unicode では，ひらがなの「が」は，「が」一文字 (U+304C) の他に，「か」(U+3048) と「゛」(U+3099) の合成文字として表記できます．これらは，視覚的，機能的に違いがないため，同一とみなします．他には，ダイアクリティカルマーク（発音区別記号）[65] 付きのラテン文字とそれら分解した文字，ハングルの母音と音節文字の列も正準等価とみなされます．

互換等価では，正準等価に加え，全角，半角，上付き，下付き，書体といった視覚的に異なる文字を意味的な区別はないものとし，同一視します．より広範囲の文字集合が正規化の対象となります．

生成方法には，**分解**と**合成**の 2 種類がありますが，直接合成はできず，いったん分解を経由する点に注意が必要です．Unicode の各文字には，正規等価，互換等価により分解可能であれば，どのように分解できるかを定めた**正準分解，互換分解**マッピングが割り当てられています．分解後は 2 文字以上になると思われるかもしれませんが，全角 1 文字から半角 1 文字といった一対一の対応も分解マッピングに含まれます．文字が完全に分解されると，各文字を，**正規結合クラス (Canonical Combining Class, CCC)** の値に基づいて昇順にならべ替えます．各文字は，基底文字と，基底文字に後続する濁音やダイアクリティカルマークといった結合文字に大別できます．基底文字は，正規結合クラスの値が 0 であり，ならび替えの対象外です．結合文字は，正規結合クラスが 1 以上の値を持ち，ならび替えの対象となります．このとき，同一の正規結合クラスの値を持つ文字は，元の順番が保持されるようにならべ替えます（安定的なならび替え）．この時点で，分解処理は完了します．

正規結合クラス順にならべ替えることで，結合文字が作用した結果は普遍であることが保証されます．正規結合クラスの適用順序に誤りがあると，表 3.3 のように異なる正規化文字を生成することがあります．誤ったならび替えでは，正規結合クラスの元の順番が保持されていないため，アクセント記号の上下が入れ替わっています．

合成処理は，さらに一つの手順が必要です．完全に分解，ならべ替えられた文字列の左から順にチェックしながら，**正準結合**できる 2 文字を結合文字に置き換えます．この処理を書き換えができなくなるまで繰り返します．正準結合とは，簡単にいえば，正準分解の逆変換です．互換等価による正規化は分解時に行われているため，互換結合は存在しません．

[65] ダイアクリティカルマークとは，ラテン文字等の文字で，同じ字形の文字であるが，発音が区別されるべき場合に文字に付される記号のことを言います．

表 3.3 正規順序の例

	Unicode 列				正規結合クラス列	文字
ならび替え前	U+0065 (e)	U+0304 (¯)	U+0301 (´)	U+0323 (.)	0 230 230 220	é̄
正しいならび替え	U+0065 (e)	U+0323 (.)	U+0304 (¯)	U+0301 (´)	0 220 230 230	é̄
誤ったならび替え	U+0065 (e)	U+0323 (.)	U+0301 (´)	U+0304 (¯)	0 220 230 230	ḗ

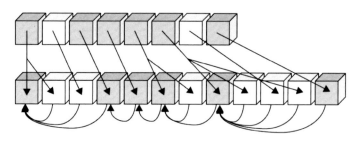

図 3.8 分解と合成処理（http://unicode.org/reports/tr15/ より引用）

図 3.8 に，分解，合成処理を示しました．灰色の箱は基底文字，白い箱は結合文字を表しています．最初のステップで，各文字が正準分解，あるいは互換分解され，正規結合クラス順にならべ替えられます（下向き矢印）．次のステップで，分解された文字のペアを左から順にチェックし，正準結合できる場合に結合文字に順に置き換えていきます（左に弧を描いた矢印）．

{ 正準等価, 互換等価 } × { 合成, 分解 } の計 4 通りの正規化手法は，それぞれ **NFC**（正準合成），**NFD**（正準分解），**NFKC**（互換合成），**NFKD**（互換分解）と名前がつけられています．自然言語システムで最もよく用いられる正規化手法は，NFKC（互換合成）です．意味的に同一な文字をできるだけ短い文字にまとめあげる効果があります．NFD や NFKD のように分解をベースにする正規化手法の使用は，元の文字の途中で分解されないように注意が必要です．素朴な実装だと，文字列「か」が「が」に部分文字列マッチすると判定されます．

Unicode の正規化手順は，厳密に規定されており，正準，互換分解マッピング，正規結合クラス，正準結合の定義は，Unicode のサイトから入手できます[66]．しかし，その実装は簡単ではありません．特に合成は，分解と正規結合クラスのならび替えがあるため，実装が複雑になります．多くのプログラミング言語では，Unicode の正規化処理を標準ライブラリとして提供しているため，特に理由がなければ，これらのライブラリを用いることをおすす

---

[66] http://www.unicode.org/Public/UNIDATA/UnicodeData.txt

```
import unicodedata
s = u"ＡＢＣ"
print unicodedata.normalize("NFKC", s)    # "ABC" が出力
```

図 3.9　Python による Unicode 正規化

めします．例えば，Python では，Unicode 正規化は図 3.9 のような単純な手続きで行えます．

残念ながら C/C++ の標準ライブラリは Unicode 正規化をサポートしていないため，ICU 等のオープンソースライブラリを使う必要があります．

3.7　波ダッシュ，全角チルダ問題

文字コード，とりわけ日本語情報処理となると，数々の落とし穴が潜んでいます．ここではその代表的な問題である**波ダッシュ，全角チルダ**問題を紹介します．

「～」(**U+301C**) は**波ダッシュ**という文字です．波ダッシュは「から」を意味する日本語表記とされています．「よろしく～」のように長音として使う例もよく見かけます．波ダッシュは Shift-JIS にも存在しており，その文字コードは 0x8160 です．一方，「～」(**U+FF5E**) は，**全角チルダ**という別の文字です．全角チルダは，ダイアクリティカルマークの一部であり，そもそも日本語ではないため，Shift-JIS にも対応するコードポイントが存在しません．

本来，波ダッシュと全角チルダは異なる文字ですが，Unicode の仕様書の字形例の誤りから，Windows では（正確には CP932 コードでは），波ダッシュを全角チルダで代用すると決められています．波ダッシュの意味で入力された「東京～大阪」は，Windows では「東京～（全角チルダ）大阪」として扱われます．この文字列を UTF-8 で再符号化すると，本来波ダッシュだった文字が全角チルダに置き換えられます．このように，誤った変換を持つ文字は，波ダッシュ以外に複数あります．表 3.4 にそれらをまとめました．

この問題を解決するには，「入力文中にある全角チルダは，誤った Unicode の変換マッピングから生成された」と仮定し，全角チルダを波ダッシュに正

コラム：NKFC を文字列置換で実装できるか?

これまでの文字列の正規化は，単純な文字列置換によって実装されることがほとんどでした．もし Unicode 正規化を単純な文字列置換として実現できれば，ICU 等の大きなライブラリを使わずともプログラミング言語の標準機能だけで正規化処理が実装できるため都合がよいと考えられます．しかし，残念ながら Unicode 正規化は文字列置換では実装できません．例えば，1 文字に 10 個の結合文字が結合している場合を考えてみましょう．この 10 文字は，合成時に正規結合クラス順にならべ替えられます．10 個の文字列は，合計 10! (=3628800) の異なるならび方がありますが，結果的にこれら全てが同一列に正規化されます．すなわち，静的な文字列置換として定義するには，膨大な数の文字の並びを事前に展開せねばならず現実的ではありません．第 1 章で紹介した SentencePiece は，正規化結合クラスのならび替えを一部省略することで，NFKC 正規化のサブセットを文字列置換として実装しています．置換ルールは ICU を用いて事前に自動生成しています．複雑な結合文字は頻出しないという仮定のもとでの実装の簡略化といえます．

表 3.4　誤った変換を持つ文字の例

名称	文字	Shift_JIS	正しい Unicode	誤った Unicode
波ダッシュ	〜	0x8160	U+301C	U+FF5E
双柱	‖	0x8161	U+2016	U+2225
負符号	−	0x817C	U+2212	U+FF0D
セント記号	¢	0x8191	U+00A2	U+FFE0
ポンド記号	£	0x8192	U+00A3	U+FFE1
否定記号	¬	0x81CA	U+00AC	U+FFE2

規化するといった前処理が必要になります．もちろん，この手法は完璧ではなく，本来の入力が全角チルダであったケースを無視していますが，日本語処理に限定すれば，妥当な回避策といえます．

3.8 まとめ

　文字，文字列，テキストを自然言語処理システムにおいてどう表現，操作，実装するかは，重要なトピックです．しかし，ウェブ上にあるサンプルコードをよくわからないままコピーしたり，自己流の定義で操作したり，場当たり的な対処がなされていた事例が散見されます．文字，文字コードは，基本的な概念さえ押さえておけば，決して難しい話ではありません．これらを踏まえ，文字を扱う上でのベストプラクティスを以下にまとめます．

- 文字コードの基本的な概念を理解する
  （個別のキーワードより概念の理解が重要）

  ・符号化文字集合と符号化方式
  ・コードポイント
  ・**UCS** 正規化 と **CSI**

- **Unicode** と **UTF-8** を標準的な設定として使う
- Unicode 正規化の仕組みを理解する

  ・正準等価と互換等価
  ・分解と合成
  ・**NFC**（正準合成），**NFD**（正準分解），**NFKC**（互換合成），**NFKD**（互換分解）

- Unicode 上での文字操作（文字種判定，正規化）は，自己流ではなく標準化された手法を使う．
- Unicode データベースを基に文字操作コードを自動生成することで，実装コストが抑えられるとともに，網羅性が高まる．

　また，文字コードは本章で述べた以外にもさまざまなトピックがあります．興味のある読者のために参考文献として [13] を挙げます．

第4章
辞書引きアルゴリズム

　多くの形態素解析システムは，単語と品詞の情報を格納した大規模な辞書を用いて解析を行います．単語の境界が自明ではない日本語の形態素解析では，辞書引きに特化したデータ構造やアルゴリズムを用いる必要があります．本章では，辞書引きのデータ構造に求められる要件を明らかにするとともに，擬似トライとダブル配列の二つの代表的な辞書引き手法，さらに，辞書引きだけで単語分割を行う最長一致法について説明します．

4.1　辞書引きの難しさ

　日本語の語は空白で区切られていないため，テキスト中のどこにどんな単語があるかわかりません．原理的には入力文の全ての部分文字列が単語候補となりえます．例えば，「東京都」という文字列には，「東京」「都」以外にも，「東」「京都」「京」「都」といった単語候補が存在します．このことから，形態素解析における辞書引きとは，「与えられたテキスト中の全ての部分文字列のうち，辞書に登録されている単語を抽出する処理」と定義できます．

　効率的な実装は後ほど考えることにして，この定義どおりの処理を素直に実装してみましょう．辞書と言ってまず思い浮かべるデータ構造は，多くのプログラミング言語が標準的にサポートしている**連想配列**です．一般の配列は，整数値（スカラ）を添字に用いますが，連想配列は任意のオブジェクト（バイト列）を使うことができます．連想配列は，連想リスト，連想コンテナ，Key-Value ストア，辞書，ハッシュ，マップとも呼ばれます．C++では，std::map と std::unorderd_map の二つの実装が標準ライブラリとして提供

```
// 辞書
const std::unorderd_map<std::string, std::string> dic =
            { {"今日", "名詞"}, {"は", "助詞"}, ... };

// 入力
const std::string input = "今日はよい天気です。";
for (size_t i = 0; i < input.size(); ++i) {
  for (size_t n = i + 1; n < input.size(); ++n) {
    // [i:n] の範囲で部分文字列を取り出す
    const std::string query = input.substr(i, n - i);
    if (dic.find(query) != dic.end()) {
      std::cout << query << " が見つかりました。";
    }
  }
}
```

図 4.1　連想配列を用いた簡単な辞書引きの例

されており，それぞれ，平衡木，ハッシュテーブルを用いて実装されています[67]．

std::unorderd_map を使った単純な辞書引きのコードを図 4.1 に示します．この例では，std::unorderd_map のキーに見出し語，値に品詞が保持されています．

最初の for ループで文字列の開始位置を，次の for ループで終了位置を決定しています．それを基に input の部分文字列を取り出し，その部分文字列が辞書に登録されているか調べます．部分文字列の取得と std::unorderd_map の検索には文字列長のコストがかかるため[68]，図 4.1 の計算量は $O(N^3)$ になります（N は入力文字列長）．入力文が短い場合は，簡単な実装でもそこそこうまくいきますが，長くなると辞書引きの計算量が無視できないほど大きくなります．

さらに，実応用では std::unordered_map の中身がディスクに永続化できないことも問題になります．std::unordered_map はメモリ上のデータ構造であるため，起動時に単語リストを読み込んでデータ構造を初期化する必要があります．辞書には数十から数百万の単語が登録されているため，初期化にかかる時間も無視できません．

これまでの議論から，形態素解析の辞書引きに，std::unordered_map といった標準的な連想配列を用いることは，実験的なシステムならともかく，実応用では非効率といえます．実際のアプリケーションに組み込まれる実用的な

[67] std::unorderd_map は C++11 から導入されました．C++の仕様としては計算量の制約のみで，実装に関する規定はありませんが，ハッシュテーブルで実装されることが一般的です．

[68] ハッシュの検索は $O(1)$ ですが，文字列のハッシュ値を計算するのに文字列長に依存したコストがかかります．

形態素解析システムを作るには，辞書引きアルゴリズムは次の二つの要求を満たさなければなりません．

1. **計算コスト**: 入力文に比例した計算量 $O(N)$ で全単語を列挙する．
2. **永続性**: 起動を高速化するため，データ構造のメモリイメージをそのままファイルから読み込める．

この二つの点に注目しながら具体的なアルゴリズム，データ構造について解説します．

4.2 擬似トライ

図 4.1 のコードをよく観察してみると，毎回終了位置をテキストの最後まで走査していることが計算量の悪化の主たる原因であることがわかります．単語の長さは高々数文字であるため，直感的にはテキストの最後までループを回さず，「適当なところ」で処理を打ち切れば計算量が抑えられそうです．この「適当なところ」は，実は厳密に定義できます．辞書中の単語のうち，共通の接頭辞を持っている単語をまとめます[69]．例えば，「東京大学」「東京」「東」は同じ「東」を共通の接頭辞として持っています．このとき，自分自身を接頭辞として持つ単語が自分自身しか存在しない場合，その単語を**最長接頭辞単語**として分類しておきます．辞書に「東」「東京」「東京大学」の 3 単語が登録されている場合，「東京大学」のみが最長接頭辞単語となります．

図 4.1 の辞書引き中に，最長接頭辞単語が見つかると，これ以上長い単語は辞書中に存在しないことがわかるため，処理を打ち切ることができます．辞書中の最長接頭辞単語の最大長を K とすると，この早期の打ち切りにより，計算を $O(NK^2) \sim O(N)$ まで落とすことができます．連想配列と最長接頭辞単語集合を使って辞書引きを行う処理は，後ほど述べるトライ構造を汎用データ構造で擬似的に実現しているため，**擬似トライ**と呼ばれます．

残る課題は，辞書データの永続性です．これは，連想配列の一実装である **DBM (Database Manager)** を用いることで解決できます．DBM は，連想配列と同じ操作でディスク上に永続化されたデータを透過的に検索，更新する機能を提供しています．さらに，DBM の発展版である **Key-Value** ストアも利用可能です．Key-Value ストアは大規模データを複数の計算機に分散して格納することができます．DBM, Key-Value ストアにはさまざまな実

[69] 第 1 章では，言語学で用いられる接頭辞の定義を行いましたが，本章での接頭辞とは，ある文字列の部分文字列のうち，開始位置が先頭となる文字列を指します．

装があります.例えば,GDBM[70],cdb[71],Berkeley DB[72],LevelDB[73] などがあります.

JUMAN の初期の実装は,辞書引きに GDBM と擬似トライを組み合わせて使っていました.当時は,DBM のライブラリはありましたが,それらに相当するトライライブラリがありませんでした.利用可能なメモリにも制限があったため,ファイル上に展開された DBM を擬似トライとして用いることは当時としては自然な設計だったと考察できます.

擬似トライは,最長接頭辞単語の分類を事前に行う必要があるため,2000年代以降の形態素解析システムで用いられることはありません.しかし,超大規模な辞書データを Key-Value ストアの分散機能を用いて運用する際には,いまだに有効な手法です.例えば,フレーズベース統計的機械翻訳 [14] では,大規模対訳データから自動的に構築された辞書(フレーズペア)を用いて翻訳を行います.フレーズペアは,単語以外にも任意のフレーズを含むため,形態素解析の辞書に比べるとその登録単語数が膨大になります[74].機械翻訳システムをウェブサービスとして提供する際,複数の機械翻訳プロセスが個別に辞書を読み込むよりも,辞書を分散 Key-Value ストアに格納することで,辞書引きを複数のエンジンで共有でき,ウェブサービス全体のメモリ使用量を減らすことができます.

4.3　共通接頭辞検索とトライ

ここでは,**共通接頭辞検索 (Common Prefix Search)** と呼ばれる辞書引き方法について紹介します.共通接頭辞検索とは,辞書中にある全ての単語のうち,検索対象の接頭辞になっている単語を列挙する処理として定義できます.例えば,「東京タワー」という入力に対し,「東」「東京」「東京タワー」等を返す処理のことを指します.共通接頭辞検索の検索対象は,任意長の文字列です.文字列の終わりを明示的に指定する必要はなく,原理的には無限長の文字列も検索対象となりえます.

形態素解析の辞書引き処理は,共通接頭辞検索を使えば簡単に実装できます.具体的には,入力文字列の位置を先頭から 1 文字ずつずらしながら,各位置から文末までの部分文字列を取り出し,それらに対して共通接頭辞検索を実行します.

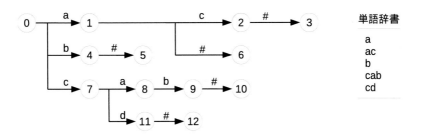

図 4.2 単語辞書とトライ構造

　共通接頭辞検索には**トライ (Trie, Prefix Tree)** と呼ばれるデータ構造を用います．トライは木構造の一種でトライ木とも呼ばれます．一般に木構造というと要素間に親子関係があり，根以外の要素は必ず一つの親要素を持つ構造のことを指します．この要素のことを**ノード**，ノード間をつなぐ線を**エッジ**と呼びます．トライは，エッジに文字が割り当てられた木構造です．また，終端文字 (#) を持つエッジは文字列の終了を表現します．これにより，根から葉に至る一つの経路に複数の文字列を格納することができます．

　図 4.2 に，単語辞書とそのトライ木を示します．この図を例に，検索対象「acb」に対して，共通接頭辞検索を行ってみます．

共通接頭辞検索の実行例

1. 根（ノード 0）に移動
2. 検索対象の 1 文字目「a」が，根のエッジにあるため，ノード 1 に移動
3. ノード 1 に終端文字へのエッジがあるため，単語「a」を検索結果に追加
4. 検索対象の 2 文字目「c」がノード 1 のエッジにあるため，ノード 2 に移動
5. ノード 2 に終端文字へのエッジがあるため，単語「ac」を検索結果に追加
6. ノード 2 には，3 文字目のエッジ「b」がないため，ここで探索を終了

　トライによる共通接頭辞検索は，検索対象の文字を 1 文字ずつずらしながら，トライ中の対応するエッジを根から葉に向けてたどることで実現できま

す．同時に終端文字のエッジの有無をチェックし，あれば検索結果に追加していきます．各単語に対応する値（品詞など）は，終端文字で終了する末端ノード（例えば ノード3）に格納しておきます．

トライによる共通接頭辞検索は以下のような特徴があります．

- **終了位置が自明**

  現在のノードが木の末端であるとき，これ以上長い単語が辞書に存在しないことがわかるため，最長接頭辞単語集合といった付加情報が不要です．

- **複数単語の同時検索**

  連想配列は，一つの検索対象の有無しか判定できず，複数の文字列を検索するためには，毎回1から検索対象の文字列を作る必要がありました．トライは，検索対象の文字を1文字ずつ見ていきながら木をたどることで共通接頭辞を持つ複数の単語を1回の辞書引きで取得できます．

- **効率のよいデータの格納**

  共通する接頭辞が木のエッジとして共有化されるため，配列等に単語を保持するよりもメモリ効率が高くなります[75]．

[75] 実際には，メモリ効率はトライの実装に強く依存します．

トライは抽象的なデータ構造であり，具体的な実装方法は開発者の手に委ねられています．これまで，さまざまなトライの実装方法が提案されてきました．しかし，どのような実装でもよいわけではなく，親から子ノードへの遷移が定数時間となることが実装する上での必須条件になります．この条件が実現できれば，共通接頭辞検索の計算量は，N を検索対象の文字列長，K を平均単語長とすると，$O(NK)$ となり，複数の検索対象を独立に検索する擬似トライと比べて計算量が小さくなります．

4.4　ダブル配列

ダブル配列 [15] は，1989年に徳島大学の青江順一教授が発表したトライの実装方法です．歴史のあるデータ構造ですが，2000年代前半まで自由に使えるライブラリがなかったこともあり，オープンソースの形態素解析システムで使われることはほとんどありませんでした．その後，Darts[76] と呼ばれるフリーのライブラリの登場と，MeCabが同ライブラリを辞書引きに使うようになってから，自然言語処理のさまざまな応用で使われるようになりました．ダブル配列は，ChaSen，JUMAN，Sudachi にも採用され，形態素解析シス

[76] http://chasen.org/~taku/software/darts/

テムの標準的なデータ構造です．2018年現在，Darts-clone[77]等の多数のライブラリが利用可能です．著者の知る限り，ダブル配列は，メモリ使用効率が高く，最も高速なトライの実装方法です．その高速性からダブル配列を単なる連想配列として使うこともあります．

[77] https://github.com/s-yata/darts-clone

4.4.1 ダブル配列による共通接頭辞検索

ダブル配列は，その名前が示すとおり二つの整数の配列でトライを表現します．二つの配列は，同じ長さであり，それぞれ **base**，**check** と呼ばれます．これらの配列の添字は，トライ上でのノードに対応します．配列 **base** には，添字をずらす量が保持され，その量に遷移文字の文字コード[78]を足すことで子ノードの位置を取得します．これだけではどこから遷移したか区別できないため，配列 **check** を用い，親からの遷移であることを保証します．さらに葉ノードは，ずらす量の代わりに単語に対応する値（単語ID等）を，その値の符号を反転させた負の値として **base** に保存します．親から子ノードへの遷移は，配列 **base** と **check** のアクセスと文字コードの計算のみであるため，定数時間で行えます．

[78] ここでの文字コードは，より一般に文字に対応付けられた任意の整数値を意味します．

ダブル配列を用いたトライの具体的な探索手続きを以下に示します．

ダブル配列における探索

1. 根の位置を 1 とする（以下，配列の添字は 1 から始まるものとする）．
2. 現在のノードの位置を s とし，ここから c という文字で子ノードに移動するとき，子ノードの位置 t を $t = base[s] + code(c)$ とする．ただし $code(c)$ は，c の文字コードを返す関数とする．
3. 遷移が存在することを $check[t] = s$ となっていることで確認する．$check[t] \neq s$ の場合は，s から t へ文字 c できるノードは存在しない．
4. $base[t] < 0$ の場合，t は葉ノードであり，$v = -base[t]$ として対応する値 v を取り出す．

図4.3に，図4.2に示したトライと等価なダブル配列を示します[79]．検索対象「acb」に対して，共通接頭辞検索を行う処理は，次のようになります．

ダブル配列を実装する際には，文字コードの値そのものを親から子への遷移に用います．Unicodeのコードポイントを直接使うことも可能ですが，ダブル

[79] 図4.3のノード番号は，**base**，**check** の添字に対応しているため，図4.2の番号と異なることに注意してください．

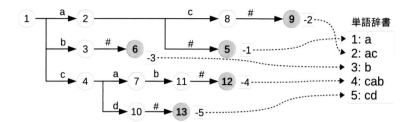

	#	a	b	c	d
文字コード	0	1	2	3	4

index	1	2	3	4	5	6	7	8	9	10	11	12	13
base	1	5	6	6	-1	-3	9	9	-2	13	12	-4	-5
check	0	1	1	1	2	3	4	2	8	4	7	11	10

図 **4.3** ダブル配列の例

ダブル配列（図 4.3）の探索

- 根の位置を 1 とする．
- $base[1] + code('a') = 2$, $check[2] = 1$ から，2 は 1 の子であり，位置 2 に移動．
- $base[2] + code('\#') = 5$, $check[5] = 2$ から，5 は 2 の子であり，終端文字への遷移であることから，単語「a」を検索結果に追加．
- $-base[5] = 1$ から，単語「a」の値が 1 とわかる．
- $base[2] + code('c') = 8$, $check[8] = 2$ から，8 は 2 の子であり，位置 8 に移動．
- $base[8] + code('\#') = 9$, $check[9] = 8$ から，9 は 8 の子であり，終端文字への遷移であることから，単語「ac」を検索結果に追加．
- $-base[9] = 2$ から，単語「ac」の値が 2 とわかる．
- $base[9] + code('b') = 11$, $check[11] \neq 9$ から，c に遷移ができず，探索を終了．
- 「a」「ac」が検索対象「acb」に対する検索結果．

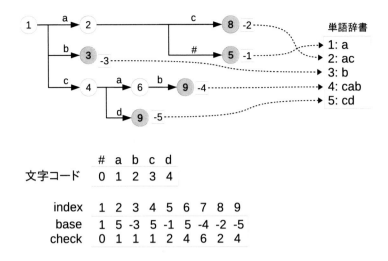

図 4.4 冗長な終端文字遷移を省いたダブル配列の例

配列の空間使用効率が悪くなる問題があります．例えば，ひらがなの「あ」を格納することを考えてみましょう．「あ」のUnicodeコードポイントはU+3042であるため，$base[t]$ の位置は，$base[s]$ から約 12000 程度離れてしまいます．辞書中における文字の分布は偏りがあるため，Unicodeのコードポイントを使うとダブル配列中の未使用領域を増やしてしまいます．そこで，実際の応用では，Unicodeを直接用いずUTF-8等のマルチバイト列に文字をエンコードし，バイト単位のダブル配列を構築します．遷移の差は高々 255 であるため，より詰まった配列が構築できます．

4.4.2　ダブル配列の圧縮

図 4.3 をよく観察すると，兄弟のない終端文字ノード（ノード 9, 6, 12, 13）は，その親から終端文字ノードへ一意に遷移が決まり曖昧性がありません．そこで，兄弟のない終端文字への遷移を省き，値を直接親ノードの **base** に保存することで配列がコンパクトになります．終端文字かどうかは，**base** の値が負であるかでわかります．図 4.4 に兄弟のない終端文字を省いたダブル配列を示します．

この圧縮のアイデアは，一般化することができます．あるノード s から葉 s' まで分岐がない場合，s から s' までのノードを一つのノードとみなすことで，配列をさらに小さくできます．まとめられたノードは，単語の接尾辞に

なることから，**TAIL 圧縮** もしくは**接尾圧縮 (Suffix Compression)** と呼ばれています．ただし，TAIL 圧縮は接尾辞を別に管理する必要があり，実装が複雑です．TAIL 圧縮の詳細は文献 [15] に譲ります．

図 4.5 に，終端ノードを圧縮したダブル配列に基づく共通接頭辞検索のコードを示します．この例では，入力の文字コードをそのまま文字遷移のコードに使っています．

4.4.3 ダブル配列の構築

ダブル配列の検索は，非常に簡単ですが，その構築は容易ではありません．青江によるダブル配列の元論文 [15] では，日本語入力システムの辞書を見据え，ダブル配列への動的な単語の登録，削除の実装方法が議論されています．

しかし，形態素解析においては，解析中に辞書を更新することはまれで，静的なデータ構造，すなわちいったんデータ構造を構築したら，追加，削除ができないようなデータ構造で十分な場合がほとんどです．動的な辞書更新をサポートしないことで，実装が簡単になるばかりでなく，キャッシュメモリのサイズに応じた最適化が可能となり，辞書引きが高速になる利点があります．

静的なダブル配列構築では，単語集合全体が入力となります．それらを辞書順に整列しておくことで単語集号をトライのように扱うことができます．具体的には，トライ中の各ノードを [開始位置, 終了位置, 文字位置] の三つの整数値で表現します．ここで，開始，終了位置は整列された単語配列の添字，文字位置は根からそのノードに至るまで消費した文字数です．三つの整数値の例を図 4.4 を用いて示します．この例では，単語集合はすでに辞書順に整列されているため，単語 ID が整列された単語配列の添字と等価になります．図 4.4 中のノード 2 は，単語「a」「ac」の 1 文字目に対応するため，[開始位置, 終了位置, 文字位置] は，[1, 2, 1] となります．同様に，ノード 4 の [開始位置, 終了位置, 文字位置] は，[4, 5, 1] となります．親から子ノードへの遷移は，[開始位置, 終了位置, 文字位置 + 1] にある文字をそのコードポイントごとにまとめ，それぞれの [開始位置, 終了位置] を再計算することで実現します．図 4.4 中のノード 4 から 6, 9 への遷移は，[4, 5, 1]→[4, 4, 2], [5, 5, 2] となります．

ダブル配列の構築は，整列済みの単語集号について，三つの整数を用いトライとして探索しながら文字遷移の条件を満たすように **base**, **check** の値を求めていきます．探索手法には，**深さ優先探索**，**幅優先探索**の 2 種類の構築

```cpp
const int base[] = { ... };
const int check[] = { ... };

// 配列サイズ
constexpr size_t check_size = sizeof(check) / sizeof(check[0]);

// 戻り値型の定義 (文字長と値のペアの配列)
using Results = std::vector<std::pair<int,int>>;

Results CommonPrefixSearch(const std::string& query) {
  int s = 1;    // 親の位置
  int t = 0;    // 子の位置

  // 結果
  Results results;

  for (size_t i = 0; i < query.size(); ++i) {
    // 終端文字('\0')の遷移をチェック
    t = base[s] + static_cast<int>('\0');
    if (s == check[t] && base[t] < 0)
      results.emplace_back(i, -base[t]);

    // 子の位置を取得
    t = base[s] + static_cast<unsigned int>(query[i]);

    // 正しい遷移ではない
    if (t >= static_cast<int>(check_size) || s != check[t]) break;

    // 子は単語の終端
    if (base[t] < 0) {
      results.emplace_back(i, -base[t]);
      return results;
    }

    s = t;
  }

  // クエリの末尾の終端文字('\0')のチェック
  t = base[s] + static_cast<int>('\0');
  if (s == check[t] && base[t] < 0)
    results.emplace_back(query.size() - 1, -base[t]);

  return results;
}
```

図 4.5 ダブル配列による共通接頭辞検索のコード
(冗長な終端文字の遷移は省略)

方法がありますが，新ノードの挿入方法は共通で次のようになります．

ダブル配列の構築

1. 現在のノードの位置を $s\,(s>0)$ とする．
2. s から遷移できる文字コードの集合を $k_1, k_2, k_3, \ldots$ とする（ただし $0 \leq k_1 < k_2 < k_3 \ldots$）．
3. $check[x+k_1]$, $check[x+k_2]$, $check[x+k_3]$, $\ldots$ の全てが 0（未使用）であるような非負で最小の添字 x を貪欲に探す．
4. $base[s] = x$ とする．
5. $check[x+k_1] = check[x+k_2] = check[x+k_3] \cdots = s$ とする．
6. k_i が，葉の場合，k_i に対応する値 $v_i\,(v>0)$ の符号を反転させて $base$ に保存する．$base[x+k_i] = -v_i$

深さ優先探索では，$x+k_1$ を改めて現在のノード s とし，上記の処理を再帰的に繰り返してきます．幅優先探索では，$x+k_1, x+k_2, x+k_3, \ldots$ の各ノードに対し，上記の処理を順次適用します．深さ優先探索は，ノードの遷移を関数の再帰呼出しを用いて簡潔に書けるため，幅優先探索よりも実装が容易です．

図4.6に，深さ優先探索による静的なダブル配列の構築例を示します．例えば，ノード 8, 5 (c, #) を挿入するとき，$check[x+3]$ と $check[x+0]$ が 0 となる最小の x を求めると，$x=5$ が得られ，$base[2]=5$, $base[5]=-1$, $base[8]=-2$ となります．

探索方法の違いはダブル配列の形にどのような影響をもたらすでしょうか．一般に，先に挿入されたノードほど配列の 0 付近に集中して配置されます．また，ノード間の遷移は配列上のランダムアクセスになるため，1 単語を検索するときにアクセスされる添字の距離が小さいほうが CPU のキャッシュに乗りやすくなり，検索の高速化が期待できます．幅優先探索の場合，トライの深さ順にノードが挿入されていくため，添字の距離のばらつきが少なく深さ優先探索より検索が高速になることが知られています．単語頻度を用いて挿入の順番を最適化すればさらなる高速化が見込めるかもしれません．ただし，近年の計算機の性能向上により，配置手法による性能差は小さくなっていることも付け加えておきます．

ダブル配列の構築のボトルネックは，空き領域の探索です．最も簡単な実

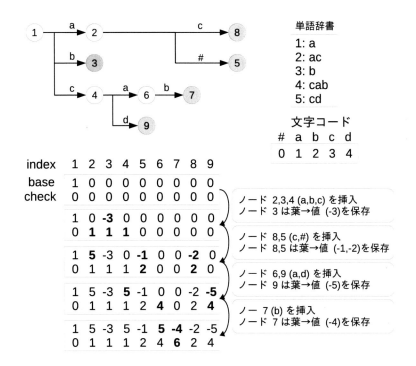

図 4.6 ダブル配列の構築例

装は，空き領域を配列の左端から毎回探索することですが，この方法は単語数が増えるにつれ急激に速度が低下します．ダブル配列にノードが挿入されるにつれ，空きノードが減り，大量の使用済みノードを毎回チェックしてしまうことが速度低下の原因です．

ダブル配列ライブラリ Darts では，位置 l から探索を開始して位置 l' で空きノードが見つかったとき，l から l' の間の使用済みノードの割合を計算し，それが十分大きい（例えば 95%）ときには，l' より左には空き領域はないとみなして次の探索開始位置を l' に更新します．左端から毎回探索しないため処理が高速になります．

また，空きノードの添字が高速に列挙できれば，無駄な試行錯誤を減らすことができます．具体的には，$check[i]$ に次の空きノードの添字を反転させた値を入れておきます．つまり，i, j がともに空いている場合，$check[i] = -j$ とします．$check[i]$ は，もともと非負の値しか入りませんが，負の値のときには空きノードへのリンクという別の意味を持たせることでダブル配列本来

の性質を失うことなく構築速度の高速化が実現できます．ただし，この方法は，新しいノードが追加されるたびに，配列 **check** の動的な更新が必要になり実装が複雑になります．

4.4.4 Darts-clone を用いた辞書引きの具体例

Darts-clone ライブラリを使って共通接頭辞検索を実際に体験してみましょう．Darts およびその別実装 Darts-clone は，API 互換性があります．Darts はメンテナンスされておらず，構築されるダブル配列のサイズも大きいため，特に理由がない限り Darts-clone を使うことをおすすめします．Darts/Darts-clone は，ヘッダのみで構成されるライブラリです．darts.h をインクルードするだけで使えます．図 4.7 に構築，図 4.8 に探索のコードを示しました．

build() メソッドは，見出し語数，見出し語の配列，見出し語の長さの配列（nullptr の場合は std::strlen で代用），値の配列の五つの引数を取ります．ダブル配列の構築が完了すると，save() メソッドを用いてファイルに保存します．

検索時には，load() メソッドを用いてファイルからダブル配列をロードします．共通接頭辞検索には commonPrefixSearch() メソッドを用います．commonPrefixSearch() は，検索対象の文字列，検索結果を保存する配列，検索結果配列のサイズ，検索対象の長さの四つの引数を取ります．同メソッドは，共通の接頭辞を持つ単語数を返し，検索結果は $results$ 配列に格納されます．$results[i].length$ に単語長，$results[i].value$ に単語に対応する値が代入されます．

4.5 メモリマップトファイル

形態素解析システムは，起動時にファイル上の辞書データ（例えばダブル配列であれば，二つの整数配列）をメモリに読み込み，辞書引き処理を行います．このとき，オペレーティングシステムが提供する**メモリマップトファイル (memory-mapped file)** を用いることで，読み込み処理（速度や使用メモリ）が最適化されることがあります．

メモリマップトファイルはファイル全体もしくは一部を連続した仮想メモリ空間に直接マッピングしたものです．このマッピングは，オペレーティン

```cpp
#include <algorithm>
#include <fstream>
#include <iostream>
#include <string>
#include <vector>
#include <darts.h>

int main(int argc, char **argv) {
  // dic.txt から単語リストを読み込む
  std::string line;
  std::vector<std::string> dic;
  std::ifstream ifs("dic.txt");
  while (std::getline(ifs, line)) {
    dic.emplace_back(line);
  }

  // 単語リストを辞書順に整列
  std::sort(dic.begin(), dic.end());

  // Darts の入力にコピー．
  std::vector<const char *> key;
  std::vector<int> value;
  for (size_t i = 0; i < dic.size(); ++i) {
    key.emplace_back(dic[i].c_str());
    value.emplace_back(i);    // 辞書順の番号
  }

  // ダブル配列の作成
  // 引数：見出し語数，整列済み見出し語の配列，
  //   見出し語長の配列（nullptr のときは std::strlen() を使用），
  //   値の配列
  Darts::DoubleArray da;
  da.build (key.size(),
      const_cast<char **>(key.data()), nullptr, value.data()) ;

  // 構築された辞書をファイルに保存
  da.save("dictionary.data");

  return 0;
}
```

図 4.7 Darts-clone によるダブル配列の構築

```cpp
#include <iostream>
#include <string>
#include <vector>
#include <darts.h>

int main(int argc, char **argv) {
  Darts::DoubleArray da;
  da.load("dictionary.data");

  // 検索結果を保持する配列（長さ，値のペアの配列）
  constexpr int results_size = 512;
  Darts::DoubleArray::result_pair_type results[results_size];

  std::string line;
  while (std::getline(std::cin, line)) {
    const char *begin = line.data();
    const char *end = line.data() + line.size();
    while (begin < end) {
      const size_t size = da.commonPrefixSearch (
                          begin, results, results_size,
                          static_cast<size_t>(begin - end)) ;
      // 見つかった単語と対応する値を出力
      for (size_t i = 0; i < size; ++i) {
        std::cout.write(begin, result[i].length);
        std::cout << " " << results[i].value << std::endl;
      }
      begin += OneCharLen(begin);
    }
  }
}
```

図 4.8　Darts-clone による共通接頭辞検索の例

グシステムの管理するページキャッシュ（ファイルキャッシュ）を直接参照したものであるため，辞書をページキャッシュからユーザ空間へコピーする必要がありません．メモリマップは，複数のプロセス，ユーザで共有されるためメモリの使用量がオペレーティングシステム全体にわたって最適化されます．さらに，メモリ領域へのアクセスがあったときにはじめて該当するファイルの読み込みを開始する**遅延ロード**の機能により，辞書の初期化時間が無視できるほど小さくできます[80]．

メモリマップトファイルは，POSIX 準拠のシステム，UNIX, Linux, MacOS であれば，mmap(), Microsoft Windows では，CreateFileMapping() API を用いて作成します．図 4.9 に，mmap を用いた Darts-clone の辞書の読み

[80) 解析した文数に応じて解析速度が徐々に高速になっていく理由はこの遅延ロードに起因しています．遅延ロードは便利ですが，最初の文の解析が極端に遅くなる問題があるためファイルマップを事前にもしくは非同期にランダムにアクセスするといった工夫が必要です．

```
#include <fcntl.h>
#include <sys/mman.h>
#include <sys/stat.h>
#include <sys/types.h>
#include <unistd.h>

int fd = open("dictionary.data", O_RDONLY);
struct stat st;
fstat(fd, &st);
const size_t length = st.st_size;   // ファイルサイズの取得

// メモリマップトファイルの作成
// "dictionary.data" の中身が data にマッピングされる
char *data = (char *)mmap (0, length, PROT_READ, MAP_SHARED,
                           fd, 0) ;
close(fd);

// DoubleArray::set_array() 経由で
// メモリマップトファイルを直接ダブル配列としてロード
// このときコピーは発生しない
Darts::DoubleArray da;
da.set_array(data, size / da.unit_size());

// 検索処理を実行
// da.commonPrefixSearch(..);

// メモリマップトファイルの破棄
munmap(data, length);
```

図 4.9 mmap を用いたメモリマップトファイルの例
（エラー処理は省略）

込み例を示します．

また，これらの API を直接使わなくても，辞書データを実行バイナリに埋め込むことで，メモリマップトファイルと同様の効果が得られることが知られています．埋め込むといっても，ダブル配列であれば二つの配列の中身をソースコードに直接記述し，実行バイナリをビルドするだけです．このトリックは，現代のオペレーティングシステムの多くがメモリマップトファイルの機構を使って実行バイナリをロードする仕組みを利用したものです．日本語入力システム Mozc，形態素解析システム kagome は，辞書のバイナリ埋め込みを採用しています．辞書データがオペレーティングシステムが提供する優れたメモリ，ファイルの管理下に入ることで，オペレーティングシステム

との協調動作が円滑になるのはもちろん，ユーザの利便性も向上します．

4.6 辞書のみを用いた単語分割法：最長一致法

　最長一致法は，辞書のみを用いて貪欲に単語分割を決定していくシンプルなアルゴリズムです．最長一致法では，文頭から順に共通接頭辞検索を行い，最も長い単語を貪欲に選択していきます．単語が見つからない場合は，適当な未知語処理を行い処理を継続します．例えば，未知語処理としては，1文字を1単語とみなすことが考えられます．図4.10に最長一致法を用いた単語分割手法のコードを示します．

　最長一致法は，辞書のみを用いるアルゴリズムであり，注釈付きコーパスが整備されていなかった初期の単語分割，形態素解析システムに利用されてきました．単純なアルゴリズムにもかかわらず，90%以上の分割精度が得られるため，大規模なテキスト集合から大ざっぱな単語頻度を高速に求める処理に向いています．また，最長一致法を複数文節（単語）に拡張したN文節最長一致法は，日本語入力システムに広く適用されています．

　最長一致法は，実装の容易さ，辞書のみを使う手軽さといった利点の他に，辞書引き回数が少なくなる実用上の利点があります．計算機による言語処理が始まった1980～90年代は，現在と比べ計算機資源が潤沢ではなく，全ての単語をメモリ上に展開することは不可能でした．そのため，ハードディスクやフロッピーディスクといった二次記憶装置に辞書を展開していました．当然，これらの二次記憶装置へのアクセスは遅いため，辞書引きの回数を減らすことがダイレクトに解析速度の向上につながります．

　最長一致法は，最長の単語のみを選択することでテキスト中の単語数を最小化するような単語分割が行われます．また，辞書引きの回数は高々テキスト中の単語数に抑えられるため，結果として辞書引き回数を最小化するような効果が生まれます．後述する最小コスト法は基本的に全探索をするため，辞書引きの回数はテキスト中の文字数に比例します．

　現在の形態素解析システムのほとんどは辞書をメモリ上に展開するため，二次記憶装置を使っていた時代に比べれば辞書引きの速度は改善されました．しかし，形態素解析システムの大部分の処理はいまだに辞書引きによって占められています．例えば，MeCabの場合，全処理の30～40%の時間が辞書引きに消費されています．このことから，辞書引きの回数削減は，現代の形

```cpp
#include <algorithm>
#include <iostream>
#include <string>
#include <vector>
#include <darts.h>

int main(int argc, char **argv) {
  Darts::DoubleArray da;
  da.load("dictionary.data");

  constexpr int results_size = 512;
  Darts::DoubleArray::result_pair_type results[results_size];

  std::string line;
  while (std::getline(std::cin, line)) {
    const char *begin = line.data();
    const char *end = line.data() + line.size();
    while (begin < end) {
      const size_t size = da.commonPrefixSearch (
                          begin, results, results_size,
                          static_cast<size_t>(begin - end));
      size_t longest_length = 0;
      // 最長の単語を探す
      for (size_t i = 0; i < size; ++i) {
        longest_length =
                std::max(longest_length, results[i].length);
      }

      // 辞書引きに失敗したときは，1文字を単語とみなす
      if (longest_longest == 0) {
        longest_length = OneCharLen(begin);
      }

      // 最長の単語と空白を出力
      std::cout.write(begin, longest_length);
      std::cout << ' ';

      // 次の検索開始位置までずらす
      begin += longest_length;
    }
    std::cout << std::endl;
  }
}
```

図 4.10　最長一致法による単語分割

態素解析システムにおいても，速度向上に有効な手段だといえます．

颯々野らは，最長一致法の特徴を活かした世界最速の日本語単語分割システムを提案しています [16]．颯々野らのシステムでは，最長一致法に基づき単語分割を行い，分割誤りを**誤り駆動型学習 (Transformation-based learning, TBL)** [17] と呼ばれる教師あり学習手法で訂正することで，高速性を維持しながら分割精度の向上を図っています．TBL の学習では，文脈ありの訂正パターンを事前に用意しておき，最も精度が高くなる訂正パターンを選択，同パターンの適用という処理を繰り返すことで修正パターンの列を求めます．解析時にはパターンを同じ順番で適用していきます．解析精度は，MeCab 等の全探索をする手法に比べれば劣りますが，MeCab の 4 倍の速度向上が報告されています．

4.7 まとめ

形態素解析において辞書引きは中核となる重要な処理であり，辞書引きが完成すれば，形態素解析の半分ぐらい完成したとまでいう研究者もいます．形態素解析を行うには，原理的に入力文中にある全ての単語を列挙しなければなりません．プログラミング言語やその標準ライブラリで提供されるデータ構造のみを用いて貪欲に列挙することは，速度の面から難しく，単語集合を木構造として表現したトライ構造を用いることが一般的です．トライにはさまざまな実装がありますが，ダブル配列が速度，メモリ使用量の面から現在多くのシステムで採用されています．トライの実装はダブル配列だけではありません．本書では触れませんでしたが，パトリシア木や LOUDS といったさまざまな手法が提案され，実際のアプリケーションで使われています．特に LOUDS は，その使用メモリの少なさが特徴です．LOUDS は日本語入力ソフトウェア等の使用メモリに強い制限がある環境で重宝されています．LOUDS の詳細は文献 [18–20] に譲ります．

第5章
最小コスト法

　最小コスト法 [21] は，全解候補をコンパクトに表現した**ラティス**と呼ばれる構造を構築し，ラティス上の最短経路問題として形態素解析，単語分割を行う手法です．最長一致法が貪欲に解を探索するのに対し，最小コスト法は，辞書に含まれる全ての単語を考慮しながらラティスを構築し，単語そのものや単語の並びの出現しやすさを表した**コスト**の和が最小となる解を探索します．ラティスが持つ再帰的な構造を用いることで，効率のよい探索が可能となっています．最小コスト法は形態素解析の標準的な手法であり，JUMAN，ChaSen，MeCab，Sudachi で採用されています．

5.1　ラティス

　ラティス（束）とは，形態素解析，単語分割の全解候補をコンパクトに表現したデータ構造です．概念的には図 5.1 のような**グラフ**構造となります．グラフとは，**ノード**（頂点）の集合とノード間の連結関係を表す**エッジ**（枝）の集合で構成される抽象データ構造です．
　ラティス中のノードは単語（形態素）に対応し，隣り合う単語間にエッジが張られます．各ノードは，単語に対応する品詞，活用型，活用形，読みといった付加情報と，入力文における出現位置（開始位置，終了位置）を持ちます．BOS (beginning of sentence)，EOS (end of sentence) は，文頭，文末を表すダミーのノードです．図 5.1 の例では，太枠で囲った形態素が正しい解析結果となります．
　形態素解析におけるラティスは以下のような特徴があります．

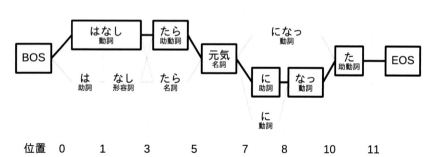

図 5.1　ラティスの例

形態素解析におけるラティスの特徴

1. BOS から EOS に至る一つの経路が一つの解析結果に対応する．
2. ラティス中の経路集合は解析結果の候補集合と等価である．
3. BOS から EOS に至るどの経路を通っても，その経路上の見出し語を結合した文字列は入力文と等しくなる．
4. ある位置 i から始まる全ノード集合 B_i と，i で終わる全ノード集合 E_i は**完全二部グラフ**[a] の関係にある．すなわち，B_i 同士，E_i 同士のノード間にはエッジは存在しないが，B_i，E_i の任意の二つのノード間には必ずエッジが存在する．ただし，ノードが位置 i から始まるとは，ノードの最初の文字が i 番目の文字であり，ノードが位置 i で終わるとは，ノードの最後の文字が i–1 番目の文字であると定義する．

[a] 頂点集合を二つの部分集合に分割でき，各集合内の頂点同士にはエッジが存在しないグラフのことを二部グラフと呼びます．完全二部グラフは，第 1 の集合に属する各ノードから第 2 の集合に属する全ノードにエッジが張られている二部グラフを指します．

特徴 4 から，ラティスを表現するには，エッジ集合を陽に管理する必要はなく，ノードとその出現位置さえ管理すればエッジの有無が自動的に求まります．グラフ構造だからといって，隣接行列や隣接リストといった汎用的な表現方法を用いる必要はありません．ラティスを表現するには，位置 i から始まるノード集合 B_i と，i で終了するノード集合 E_i の二つのノード集合の配列のみで十分です．また，BOS は，位置 0 で終わるノード，EOS は，位置

11（=文長）から始まるノードとなっていることから，BOS は，0 で終わるノード（E_0），EOS は，文長から始まるノード（$B_{文長}$）とみなすことで，一般性を失うことなくこれらをラティスのノードとして定義できます．

以下に，図 5.1 に対応するノード集合 B_i と E_i を示します．

図 5.1 のノード集合 B_i, E_i による表現

- B_0 = { はなし(動詞), は(助詞) }, E_0 = {BOS}
- B_1 = { なし(形容詞) }, E_1 = { は(助詞) }
- B_3 = { たら(助動詞), たら(名詞) },
  E_3 = { はなし(動詞), なし(形容詞) }
- B_5 = { 元気(名詞) }, E_5 = { たら(助動詞), たら(名詞) }
- B_7 = { になっ(動詞), に(助詞), に(動詞) }, E_7 = { 元気(名詞) }
- B_8 = { なっ(動詞) }, E_8 = { に(助詞), に(動詞) }
- B_{10} = { た(助動詞) }, E_{10} = { になっ(動詞), なっ(動詞) }
- B_{11} = {EOS}, E_{11} = { た(助動詞) }

図 5.2, 5.3 に C++ によるラティスの実装例を示します．Node は，1 単語ノードを表現する構造体で，見出し語文字列 surface とその長さ length を保持します．見出し語 (surface) は，独立した文字列 (std::string) ではなく，入力文の部分文字列へのポインタとして表現しています．実際の応用では，Node は，品詞，活用形，読みといった付加情報が含まれます．MeCab での実装例は 5.8.1 項で紹介し，ここでは簡単のため省略しています．各ノードは，位置を添字とする二つの配列 begin_nodes_, end_nodes_ （B_i, E_i に対応）で管理します．begin_nodes_[i] は入力文中の位置 i から始まる全てのノード，end_nodes_[i] は入力文の位置 i で終わる全てのノードが格納されます．ただし，ここでの位置は，Unicode 文字数ではなく，バイト単位での位置とします．配列の要素は，ノードへのポインタであり，begin_nodes_, end_nodes_ で共有されます．Lattice::SetSentence にて入力文を設定し，begin_nodes_, end_nodes_, BOS, EOS ノードの初期化を行います．

Lattice::Insert は，入力文中の begin バイト目から end バイト目までを被覆するノードを構築し，begin_nodes_, end_nodes_ にそれぞれ追加し，そのノードを返します．Lattice クラスの使用者は，戻り値のノードに対し品詞やコストといった追加情報を設定することができます．all_nodes_ は，メモリ上

```
struct Node {
  const char *surface;    // 見出し語（入力文中へのポインタ）
  size_t length;          // 見出し語長
};

class Lattice {
  public:
    Lattice() {}
    virtual ~Lattice() { Clear(); }

    // ラティスを 'sentence' で初期化
    void SetSentence(const char *sentence);

    // [begin, end) にノードを追加
    Node *Insert(size_t begin, size_t end);

    // 長さ (UTF-8 バイト長) を返す
    size_t length() const { return length_; }

  private:
    // 新しいノードをヒープから確保し, all_nodes_ に格納
    Node *NewNode() {
      Node *node = new Node;
      all_nodes_.empalce_back(node);
      return node;
    }

    // 全ノードを解放
    void Clear() {
      for (Node *node : all_nodes_) delete node;
      all_nodes_.clear();
      begin_nodes_.clear();
      end_nodes_.clear();
      length_ = 0;
      sentence_ = nullptr;
    }

    const char *sentence_ = nullptr;                    // 入力文
    size_t length_ = 0;                                 // 入力文の長さ
    std::vector<std::vector<Node *>> begin_nodes_;      // 開始ノード
    std::vector<std::vector<Node *>> end_nodes_;        // 終了ノード
    std::vector<Node *> all_nodes_;                     // ヒープに確保された全ノード
};
```

図 5.2　ラティスクラスの定義

```
void Lattice::SetSentence(const char *sentence) {
  sentence_ = sentence;
  length_ = std::strlen(sentence);

  // 文末ノードのために +1
  begin_nodes_.resize(length_ + 1, nullptr);
  end_nodes_.resize(length_ + 1, nullptr);

  // 文頭ノードの登録
  Node *bos_node = NewNode();
  bos_node->surface = sentence_;
  bos_node->length = 0;
  end_nodes_[0].empalce_back(bos_node);

  // 文末ノードの登録
  Node *eos_node = NewNode();
  eos_node->surface = sentence_ + length_;
  eos_node->length = 0;
  begin_nodes_[length_].empalce_back(eos_node);
}

// [begin, end) にノードを追加
// 戻り値は追加されたノード
Node *Lattice::Insert(size_t begin, size_t end) {
  Node *node = NewNode();
  begin_nodes_[begin].empalce_back(node);
  end_nodes_[end].empalce_back(node);
  node->surface = sentence_ + begin;
  node->length = end - begin;
  return node;
}
```

図 **5.3**　文の初期化 (SetSentence),ノード追加 (Insert) の実装

に確保された全ノードを管理し，デストラクタでこれらを一括に削除します．

次に，4.4.4項で述べたダブル配列の実装である Darts-clone を用いながら，ラティスに単語を登録していきましょう．図5.4 に C++でのサンプルコードを示します．入力文を1文字ずつずらしながら共通接頭辞検索 (Common Prefix Search) を行い，辞書中の単語をラティスに登録していきます．単語が見つからない場合は，1文字を1単語となるダミーノードを登録し，BOSから EOS への経路が途切れないようにしています．

```
const char input[] = "今日もしないとね．";

Lattice lattice;
lattice.SetSentence(input);

Darts::DoubleArray da;
da.load("dictionary.data");

constexpr size_t results_size = 512;
Darts::DoubleArray::result_pair_type results[results_size];

// 'i' は開始位置
const char *end = input + lattice.length();
for (size_t i = 0; i < lattice.length(); ) {
  const char *begin = input + i;
  const size_t size = da.commonPrefixSearch(
                          begin, results, results_size,
                          static_cast<size_t>(begin - end));
  // 一文字のバイト長を取得
  const size_t mblen = OneCharLen(begin);
  bool has_single_word = false;
  // 辞書中の全ての単語を登録
  for (size_t n = 0; n < size; ++n) {
    lattice.Insert(i, i + results[n].length);
    // 一文字候補が存在する
    if (!has_single_word && mblen == results[n].length) {
      has_single_word = true;
    }
  }
  // 一文字候補が存在しないときに1文字をダミーの単語として登録
  if (!has_single_word) {
    lattice.Insert(i, i + mblen);
  }
  i += mblen;    // 開始位置をずらす
}
```

図 5.4 ラティスへ単語の登録

5.2 生起コストと連接コスト

最小コスト法は，ラティス中のノードやノードの連接にコストを与え，BOSからEOSまでたどり着ける複数の経路の中から，経路中のコストの総和が最小になるような経路を形態素解析結果とする手法です．具体的には，任意

のノード m,隣り合うノード対 m', m について以下の2種類のコストを考えます.

- 生起コスト: $cost_e(m)$
- 連接コスト: $cost_t(m', m)$

生起コストは,ノードが単独でどれだけ出現しやすいか,**連接コスト**は,ノードの連接がどれだけ出現しやすいかを数値化したものです[81].これらのコストをどうやって算出するかは後ほど議論するとして,ここでは,コストが事前に与えられているものとして話をすすめます.

ここで,入力 $\mathbf{x}$ に対応する可能な全ての経路の集合を $\mathcal{Y}(\mathbf{x})$,その要素を $\mathbf{y}$ と表記します.$\mathbf{y}$ は,式 (5.1) ような形態素の列となります.

$$\mathbf{y} = (m_0, m_1, m_2, \ldots, m_{|\mathbf{y}|}, m_{|\mathbf{y}|+1}) \tag{5.1}$$

ただし m_k は経路 $\mathbf{y}$ の k 番目のノードです.$|\mathbf{y}|$ は,経路 $\mathbf{y}$ 上にあるノードの個数を意味します(ただし文頭/文末は含めません).文頭,文末を表す特殊なノードを便宜的に $m_0, m_{|\mathbf{y}|+1}$ としています.$\mathbf{y}$ は,形態素ラティス中の一つの経路に対応します.図 5.1 の例では,12 通りの経路が存在します.

各経路 $\mathbf{y}$ についてコスト $cost(\mathbf{x}, \mathbf{y})$ を式 (5.2) のように定義します.

$$cost(\mathbf{x}, \mathbf{y}) = cost_e(m_0) + \sum_{i=1}^{|\mathbf{y}|+1} \big(cost_e(m_i) + cost_t(m_{i-1}, m_i)\big) \tag{5.2}$$

$cost(\mathbf{x}, \mathbf{y})$ は,経路 $\mathbf{y}$ 上にある生起コストと連接コストの総和として定義されます.ここで,文頭,文末の生起コスト $cost_e(m_0), cost_e(m_{|\mathbf{y}|+1})$ は,全ての経路で共通しているため,コストの大小には関係ありません.そこで,$cost_e(m_0) = 0$, $cost_e(m_{|\mathbf{y}|+1}) = 0$ と仮定することで,式 (5.3) のように式が簡潔になります.

$$cost(\mathbf{x}, \mathbf{y}) = \sum_{i=1}^{|\mathbf{y}|+1} \big(cost_e(m_i) + cost_t(m_{i-1}, m_i)\big) \tag{5.3}$$

最小コスト法に基づく形態素解析とは,$cost(\mathbf{x}, \mathbf{y})$ が最小となるような経路 $\mathbf{y}^*$ を経路集合 $\mathcal{Y}(\mathbf{x})$ から探索し,それを解析結果とする手法です.

$$\mathbf{y}^* = \underset{\mathbf{y} \in \mathcal{Y}(\mathbf{x})}{\arg\min}\, cost(\mathbf{x}, \mathbf{y}) \tag{5.4}$$

ここで勘のよい方は,生起コストを用意するのは冗長ではないかと思うか

[81] コストであるため,小さいほど出現しやすく,大きいほど出現しにくくなります.

もしれません．たしかにコストの和の計算が目的であれば，式 (5.5) に示すように生起コストを連接コストに事前に足しておくことも可能でしょう．

$$cost'_t(m', m) = cost_t(m', m) + cost_e(m) \tag{5.5}$$

しかし，実応用では生起コストと連接コストを別々に管理することが一般的です．生起コストは単語ごとに個別のコストを割り当てるのに対し，連接コストは単語数の 2 乗の要素があるため単語ではなく品詞レベルに縮約してコストを割り当てます．生起コストと連接コストを別々に管理することで，管理すべきコストの異なり数は (単語数+品詞数×品詞数) まで減らすことができます．一方，式 (5.5) のように二つを合成すると，たとえ品詞レベルに縮約したとしても，異なり数は (単語数×単語数) となり，現実的ではありません．生起コストと連接コストに分けておくことで，システム全体の見通しやメンテナンス性が高くなります．

5.3　ビタビアルゴリズム

ビタビ (Viterbi) アルゴリズム [22] は**動的計画法**の一種であり，ラティスから効率よくコストの和 $cost(\mathbf{x}, \mathbf{y})$ が最小になる経路を導出するアルゴリズムです．コストが最小になる系列のことを**ビタビ系列**と呼びます．ビタビアルゴリズムは，ラティスが持つ**再帰的な構造**に注目しながらビタビ系列を求めます．

ラティス中のノード m と，m に左から連接するノード集合 $L(m)$ について，それらの再帰的な関係について見ていきましょう．$L(m)$ の各ノード $m_l \in L(m)$ について，BOS から m_l までの最小コスト $cost_{min}(m_l)$ と，最小コスト経路 $path_{min}(m_l)$ が既知だと仮定します．このとき，m の最小コスト $cost_{min}(m)$ と最小コスト経路 $path_{min}(m)$ は，以下のように計算できます[82]．

$$m_l^* = \underset{m_l \in L(m)}{\arg\min} \left[cost_{min}(m_l) + cost_t(m_l, m) + cost_e(m) \right] \tag{5.6}$$

$$cost_{min}(m) = cost_{min}(m_l^*) + cost_t(m_l^*, m) + cost_e(m) \tag{5.7}$$

$$path_{min}(m) = path_{min}(m_l^*) \cup m \tag{5.8}$$

この式の意味を順に説明します．m_l から m に遷移するために必要なコスト $cost_t(m_l, m) + cost_e(m)$ を BOS から m_l までの最小コスト $cost_{min}(m_l)$

[82] ∪ は集合の和を表します．$\{a,b\} \cup \{a,c\} = \{a,b,c\}$

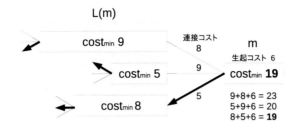

図 5.5 ノードの再帰的な関係（太い矢印がビタビ系列）

に足し，その値が最小になる m_l を m_l^* とします（式 (5.6)）．m にたどり着くには必ず $m_l \in L(m)$ のいずれかを経由しなければならないため，$cost_{min}(m_l^*) + cost_t(m_l^*, m) + cost_e(m)$ は，m に至るまでの最小コスト，すなわち，$cost_{min}(m)$ となります（式 (5.7)）．最小コスト経路 $path_{min}(m)$ は，$path_{min}(m_l^*)$ に m を追加することで求まります（式 (5.8)）．式 (5.6)〜(5.8) から，m の最小コスト，最小コスト経路は，m に左から接続するノード集合の最小コスト，最小コスト経路から再帰的に計算できることが示せました．

図5.5に具体例を示します．$L(m)$ は三つのノードがあり，それぞれを経由したときの m までのコストの和は 9+8+6=23, 5+9+6=20, 8+5+6=19 と計算されます．この最小値 19 が $cost_{min}(m)$ になります．

式 (5.6)〜(5.8) の再帰的な計算を BOS ノードから順に繰り返していけば，$cost_{min}(EOS), path_{min}(EOS)$ が求まります．具体的なアルゴリズムは次のようになります．

ビタビアルゴリズム

1. $cost_{min}(BOS) = 0, path_{min}(BOS) = (BOS)$ に初期化
2. 入力文字の開始位置 $i = 1, 2, \ldots$ について以下を計算
    (a) 位置 i から始まるノード m を列挙
    (b) 各 m について，式 (5.6)〜(5.8) を用い $cost_{min}(m), path_{min}(m)$ を計算
3. 式 (5.6)〜(5.8) を用い $cost_{min}(EOS), path_{min}(EOS)$ を計算
4. $cost_{min}(EOS), path_{min}(EOS)$ が求める解

位置 i から始まるノード m について，m に左から連接するノード $m_l \in L(m)$

の開始位置は，必ず i の左側になります（図 5.1 参照）．すなわち，入力文の左から順に処理を行う限り，$cost_{min}(m)$, $path_{min}(m)$ の計算に必要な $cost_{min}(m_l)$, $path_{min}(m_l)$ は計算済みであることが保証されます[83]．

図 5.6 に C++によるビタビアルゴリズムの実装を示します．begin_nodes_ と end_nodes_ の二つの配列が，i から始まるノードの列挙，i で終わるノードの列挙（$L(m)$ の列挙）に効果的に機能しています．また，$path_{min}$ は，経路全体を保持せず，直前のノードへのポインタのみを保持しています．処理の最後に EOS から BOS までポインタをたどることでビタビ系列を求めています．

図 5.7 に，実際の形態素解析システムにおけるラティスと解析例を示します．各ノード，エッジには生起コストと連接コストが割り当てられています．二重丸で示されたノードがコストが最小となる解です．短い入力に対しても，実際のシステムは，このように複雑なラティスから解を探索しています．

5.4 最小コスト法の例：MeCab

MeCab を例に，生起コスト，連接コストがどう保存され，解析時にどう適用されているかを紹介します．MeCab の生起コストは辞書ファイルに，連接コストは matrix.def ファイルに定義されています．辞書は，以下のような CSV フォーマットで記述します．

```
東京,1293,1293,3003,名詞,固有名詞,地域,一般,*,*,東京,トウキョウ
京都,1293,1293,2135,名詞,固有名詞,地域,一般,*,*,京都,キョウト
都,1303,1303,9428,名詞,接尾,地域,*,*,*,都,ト
京,1293,1293,10791,名詞,固有名詞,地域,一般,*,*,京,キョウ
東,1285,1285,6245,名詞,一般,*,*,*,*,東,ヒガシ
```

この中で大事なのは最初の 4 カラムです．左から，見出し語，左文脈 ID，右文脈 ID，生起コストとなります．左文脈 ID は，その単語を左から見たときの内部 ID，右文脈 ID は，その単語を右から見たときの内部 ID です．ID が文脈ごとに分かれている理由は，5.5.3 項および 5.7 節で説明します．5 カラム目以降は，任意の素性情報で解析には用いられません．この文字列がそのまま出力されます．文頭の右文脈 ID，文末の左文脈 ID は，ともに 0 に予

[83] 一般のグラフ構造におけるビタビアルゴリズムは，ノードをトポロジカルソートした順にならべ替えて，再帰的な計算を行います．

```
struct Node {
  const char *surface;
  size_t length;
  // 以下の二つのメンバを追加
  int   min_cost;     // 最小コスト
  Node *min_prev;     // 最小コスト経路（直近のみ保存）
};

// コストを管理するクラス（生起コスト/連接コスト）を返す（実装省略）
class CostManager {
 public:
 // 生起コスト
 int GetEmissionCost(const Node *node) const;
 // 連接コスト
 int GetTransitionCost(const Node *lnode, const Node *rnode) const;
};

// ビタビ系列を返すメソッドを Lattice クラスに追加
std::vector<Node *> Lattice::Viterbi(const CostManager &cm) {
  Node *bos = end_nodes_[0][0];   // BOS ノード
  bos->min_prev = nullptr;
  bos->min_cost = 0;

  for (size_t i = 0; i <= length_; ++i) {      // 各位置 i について
     for (Node *rnode : begin_nodes_[i]) {     // iで始まるノード
        rnode->min_prev = nullptr;
        rnode->min_cost = INT_MAX;   // 最大値に初期化
        for (Node *lnode : end_nodes_[i]) {  // iで終わるノード
          const int cost = lnode->min_cost +
                  + cm.GetTransitionCost(lnode, rnode);
                  + cm.GetEmissionCost(rnode);
          // cost が最小のものを探す
          if (cost < rnode->min_cost) {
            rnode->min_cost = cost;
            rnode->min_prev = lnode;
          }
        }
     }
  }

  // min_prev を EOS から BOS までだとり，最後に反転する
  std::vector<Node *> results;
  Node *eos = begin_nodes_[length_][0];   // EOS ノード
  for (Node *node = eos; node != nullptr; node = node->min_prev) {
    results.empalce_back(node);
  }
  std::reverse(results.begin(), results.end());

  return results;
}
```

図 5.6　ビタビアルゴリズムによるビタビ系列の探索

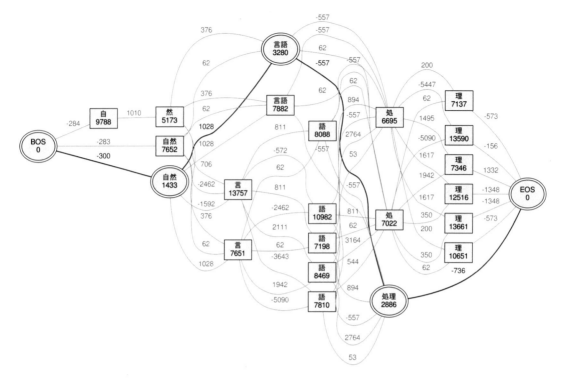

図 5.7 実際の形態素解析におけるラティスの例
入力文「自然言語処理」，kagome のラティス出力機能を使用

約されており，それらの生起コストは 0 と定義されています．
　連接表は，matrix.def に以下のようなフォーマットで記述されています．

```
1316 1316
0 0 -434
0 1 1
0 1293 -310
1293 1303 -9617
1303 0 5
```

　最初の行は，連接表のサイズ（前件 ID サイズ 後件 ID サイズ）です．2 行目以降に，前件の文脈 ID，後件の文脈 ID，それに対応する連接コストが定義されています．
　ある形態素 A，B が連接するとき

- 前件の文脈 ID = 単語 A の右文脈 ID
- 後件の文脈 ID = 単語 B の左文脈 ID

として，連接表から連接コストを取得します．

例として入力「東京都」に対する解析結果「東京_都」についてそのコストを計算してみましょう．辞書および連接表から，以下のようにコストが得られます．

- 文頭の生起コスト: 0
- 東京 (名詞-固有名詞) の生起コスト: 3003
- 都 (名詞-接尾) の生起コスト: 9428
- 文末の生起コスト: 0
- 文頭-東京の連接コスト: -310
  （文頭の右文脈 ID: 0，東京の左文脈 ID: 1293 より）
- 東京-都の連接コスト: -9617
  （東京の右文脈 ID: 1293，都の左文脈 ID: 1303 より）
- 都-文末の連接コスト: 5
  （都の右文脈 ID: 1303，文末の左文脈 ID: 0 より）

これらのコストの和 $(3003 + 9428 - 310 - 9617 + 5 = 2509)$ が解析結果のコストになります．MeCab を動かしてコスト値を確認してみます．

```
% echo 東京都 | mecab -F"%m\t%pC\t%c\t%pc\n" -E"%m\t%pC\t%c\t%pc\n"
東京    -310    3003    2693
都      -9617   9428    2504
        5       0       2509
```

MeCab の出力フォーマット機能を用い，形態素の後に，連接コスト，生起コスト，累積コストを表示しています．文末（見出し語は空文字）の累積コストが 2509 となっており，手計算で求めた値と同じになりました．

未知語処理を除けば，MeCab は，これらのコストに対しビタビアルゴリズムを適用することで形態素解析を実行しています．解析だけに注目すれば，MeCab の動作アルゴリズムは簡単で実装も容易です．他の言語による MeCab の再実装が多いのも，このシンプルなコスト定義と実装が要因です．

5.5 コスト推定法

これまでは，生起コストと連接コストが事前に定義されているものとして，ビタビアルゴリズムによる解析手法について述べました．それでは，そのコストは具体的にどのように計算するのでしょうか．ここでは，コスト推定の代表的な手法を説明します．

5.5.1 人手によるコスト設定

統計的言語処理が導入される以前は，生起コスト，連接コストの設定は人の手に委ねられていました．生起コストは，辞書に登録されている語彙数，連接コストは品詞の二乗の状態数があるため，これらの膨大なパラメータを個別に設定することは困難に思えます．しかし，同一の品詞を持つものは同じ振る舞いをしやすいというヒューリスティックを用いると設定すべきパラメータ数を減らせます．具体的には，可能なパラメータ集合をさまざまなヒューリスティックを用いてグループ化し，グループごとにパラメータを割り当てます．ヒューリスティックとしては，品詞，活用型，活用形といった単語に割り当てられた素性を用いることが一般的です．具体的なコスト値は，人手による膨大な試行錯誤，すなわち文を解析し，誤りがあると対応するコスト値を修正する，といった作業を繰り返すことで探索します．これらの作業には，言語に関する素養と最小コスト法の理解といった高度な専門知識を要します．

JUMAN のコスト値は人手で割り当てられています．人手でコスト値が簡単に編集できるよう，コスト値は構造化された形式（S式）で定義されています．品詞，活用やそれらの組み合わせ，さらには柔軟なパターンマッチ機構が提供され，人間による効率的な作業を支援しています．形態素解析に限りませんが，統計処理が導入される以前の自然言語処理システムは，解析用のルールやパラメータは人の手によって定義されることを前提としていました．そのため，ルール，パラメータ定義用の**ドメイン固有言語 (Domain-specific Language, DSL)** が提供されることが珍しくありません[84]．

図 5.8 に，実際の JUMAN の連接コスト定義を示します．この例では，サ変名詞，未定義語，「化，倍，戦」といった接尾辞と，「する，できる，出来る」等の補助動詞の連接コストを 5 にしています．品詞ごとに個別に定義せ

[84] JUMAN の S 式も一種の DSL です．

> ### コラム：言語非依存システム
>
> MeCab は，日本語の形態素解析システムですが，日本語文法が MeCab にハードコードされているわけではありません．ソースコードをくまなく探しても「名詞」というキーワードは見つからないはずです．MeCab の全ての振る舞いは，辞書とコストのみで決められています．これらを適切に定義すれば，日本語以外の言語の解析も行え，実際に韓国語用の MeCab 辞書 HanDic が公開されています [a]．日本語解析システムが日本語を知らないというのは，奇妙に思われるかもしれません．しかし，解析システムを特定の言語に依存しないように設計することは，自然言語処理ソフトウェア開発にとって一つのチャレンジであり醍醐味でもあります．ある特定の言語や言語現象に特化したシステムよりも，どの言語でも使える**言語非依存システム**のほうが研究的な価値が高く，応用においても重宝されます．言語非依存のシステムでは，言語に依存する処理をルールやパラメータという形でシステムの外にくくり出します．このくくりだしには，言語に関する素養とある種の職人芸が必要でしたが，機械学習の登場により，それらの職人芸が機械学習に置き換えられるようになりました．この流れは工学的には正しいとはいえ，ことばを扱う面白さを実感できる機会が減り，一抹の寂しさもあります．
>
> [a] http://porocise.sakura.ne.jp/wiki/korean/mecab

ず，似た振る舞いをする品詞や単語についてまとめて定義しています．

人手によるコスト付与の利点の一つに，最小コスト法で解決できない曖昧性を同じコストを与えることで明示的に記述できる点があります．後述する統計処理に基づくコスト推定は，最小コスト法では解決できない事例でも，何らかの基準で一つの解を求めようとします．そのため，モデルの不備による解析エラーなのか，統計量を取るデータの不足に起因するエラーなのか区別できません．

JUMAN では，同一の品詞，同一の見出し語を持つ形態素には同一のコストが与えられています．さらに，同一品詞，同一コストを持つ形態素は @ マーク付きの代替候補として出力されます．図 5.9 に，JUMAN の解析例を示します．この例では，見出し語「かう」の代表表記が「買う」「飼う」のどちらになるか，最小コスト法では区別できません[85]．この二つの形態素には，同

[85] 区別するには，二つ前の単語「本」を参照する必要があります．

```
((((名詞 サ変名詞)
   (未定義語)
   (接尾辞 名詞性名詞接尾辞 * * 化)
   (接尾辞 名詞性名詞助数辞 * * 倍)
   (接尾辞 名詞性名詞助数辞 * * 戦)
   (接尾辞 名詞性名詞助数辞 * * 勝)
   (接尾辞 名詞性名詞助数辞 * * 敗)
   (接尾辞 名詞性名詞助数辞 * * 泊)
   (接尾辞 名詞性名詞接尾辞 * * 入り)
   (接尾辞 名詞性名詞接尾辞 * * あけ))
  ((動詞 * サ変動詞 * する)
   (動詞 * 母音動詞 * できる)
   (動詞 * 母音動詞 * 出来る)
   (動詞 * 子音動詞サ行 * いたす) ; 「～いたします」
   (動詞 * 子音動詞サ行 * 致す)
   (形容詞 * ナ形容詞 * 可能だ)
   (形容詞 * ナ形容詞 * 不可能だ))
 5)
```

図 5.8　JUMAN 連接コスト定義の例

```
本 ほん 本 名詞 6 普通名詞 1 * 0 * 0 "代表表記:本"
を を を 助詞 9 格助詞 1 * 0 * 0 NIL
かう かう かう 動詞 2 * 0 子音動詞ワ行 12 基本形 2 "代表表記:買う"
@ かう かう かう 動詞 2 * 0 子音動詞ワ行 12 基本形 2 "代表表記:飼う"
EOS
```

図 5.9　JUMAN の代替候補

一コストが付与されており，もう一つの候補が代替候補として出力されています．代替候補は，「形態素解析システムでは解決できないので，後段の処理で解決してください」という積極的な処理の移譲と考えることができます．JUMAN は構文解析システム KNP と組み合わせて使うことが一般的であり，KNP は代替候補の曖昧性解消を行います．

5.5.2　隠れマルコフモデル

隠れマルコフモデル (Hidden Markov Model, HMM) は，初期の統計的形態素解析に用いられたシンプルなモデルです．隠れマルコフモデルは，一般的には，各単語が観測されない（隠れた）状態を持つマルコフ過程として定義され，言語モデルの学習に用いられます．言語処理分野では，隠れた

状態を品詞等の観察可能な状態とみなして隠れマルコフモデルを運用することが定着しています[86]．

単語列を $\mathbf{x} = (x_1, ..., x_{|\mathbf{y}|})$，それに対応する品詞列を $\mathbf{y} = (y_1, ..., y_{|\mathbf{y}|})$ とします．隠れマルコフモデルは，$\mathbf{x}$ と $\mathbf{y}$ の同時確率 $P(\mathbf{x}, \mathbf{y})$ を計算します．$P(\mathbf{x}, \mathbf{y})$ はベイズの定理より以下のように $P(\mathbf{y})$ と $P(\mathbf{x}|\mathbf{y})$ に分解できます．$P(\mathbf{y})$ は，品詞列だけで決まる確率，$P(\mathbf{x}|\mathbf{y})$ は，品詞列から単語列が生成される確率です．

$$P(\mathbf{x}, \mathbf{y}) = P(\mathbf{x}|\mathbf{y})P(\mathbf{y}) \tag{5.9}$$

ここで，y_i は，直前の品詞 y_{i-1} のみに依存し，x_i は，現在の品詞 y_i のみに依存すると仮定すると，

$$P(\mathbf{y}) = \prod_{i=1}^{|\mathbf{y}|+1} p(y_i|y_{i-1}) \tag{5.10}$$

$$P(\mathbf{x}|\mathbf{y}) = \prod_{i=0}^{|\mathbf{y}|+1} p(x_i|y_i) \tag{5.11}$$

となります．ただし，$x_0, x_{|\mathbf{y}|+1}, y_0, y_{|\mathbf{y}|+1}$ は文頭，文末を表すダミーの単語，品詞とします．

式 (5.10), (5.11) を式 (5.9) に代入すると，

$$P(\mathbf{x}, \mathbf{y}) = \prod_{i=1}^{|\mathbf{y}|+1} p(x_i|y_i)p(y_i|y_{i-1}) \tag{5.12}$$

となります．ただし，$P(x_0|y_0) = 1$ と仮定しました．$P(\mathbf{x}, \mathbf{y})$ は確率値の積であり，計算機上でそのまま計算するとアンダーフローの問題が発生します．$P(\mathbf{x}, \mathbf{y})$ の対数を取ることで対数確率の和になり，扱いが楽になります．

$$\log P(\mathbf{x}, \mathbf{y}) = \sum_{i=1}^{|\mathbf{y}|+1} (\log p(x_i|y_i) + \log p(y_i|y_{i-1})) \tag{5.13}$$

隠れマルコフモデルでは，同時確率 $P(\mathbf{y}, \mathbf{x})$ を最大にする単語，形態素列を解とします．すなわち，

$$\begin{aligned} \mathbf{y}^* &= \underset{\mathbf{y} \in \mathcal{Y}(\mathbf{x})}{\arg\max} \, P(\mathbf{x}, \mathbf{y}) \\ &= \underset{\mathbf{y} \in \mathcal{Y}(\mathbf{x})}{\arg\max} \, \log P(\mathbf{x}, \mathbf{y}) \end{aligned}$$

[86] 隠れマルコフモデルを本来の意味で運用している音声系の研究者から「状態が品詞という形で見えているため隠れマルコフモデルではない」といった指摘があることに注意が必要です．事前に状態がわかっているモデルのことをクラス言語モデルと呼ぶことがあります．

$$= \underset{\mathbf{y} \in \mathcal{Y}(\mathbf{x})}{\arg\max} \Big(\sum_{i=1}^{|\mathbf{y}|+1} (\log p(x_i|y_i) + \log p(y_i|y_{i-1})) \Big) \quad (5.14)$$

を解きます．式 (5.14) を注意深く見ると，生起コスト，連接コストを以下のように設定すると最小コスト法と同じ計算になることがわかります．

$$cost_e(x, y) = -\log p(x|y) \quad (5.15)$$
$$cost_t(y', y) = -\log p(y|y') \quad (5.16)$$

確率値 $p(x|y)$，$p(y|y')$ は，学習用の注釈付きコーパスから以下のような最尤推定法で求めることができます．

$$p(x|y) = \frac{\text{freq}(x, y)}{\sum_{w \in \text{全見出し語}} \text{freq}(w, y)}$$
$$p(y|y') = \frac{\text{freq}(y', y)}{\sum_{t \in \text{全品詞}} \text{freq}(y', t)} \quad (5.17)$$

ただし，$\text{freq}(x, y)$ は学習用コーパス中において単語 x が品詞 y になる頻度，$\text{freq}(y', y)$ は，品詞 y'，y が隣り合って出現する頻度です．学習コーパス中の単語，品詞の頻度を数えるだけで学習が終了することが隠れマルコフモデルの特徴であり，利点です．

ただし，式 (5.17) を直接用いると学習中に出現しなかった事象の確率値が 0 になってしまう**ゼロ頻度問題**のために確率値が正しく推定できません．当然，辞書にある全ての単語が学習コーパスに出現するわけではありません．これらは，たまたまそのコーパスに出現しなかっただけであって，別のコーパスでは出現するかもしれません．

ゼロ頻度問題の解決には，**平滑化（スムージング）** という手法を用います．スムージングは，ゼロ頻度の事象に対して小さな確率値を分配し，全事象にわたって確率値を均します．例えば，ラプラス平滑化は，全ての事象に対して観測頻度に 1 を加えます．コーパス中での頻度が 0 であっても必ず 1 が加えられるので，いくばくかの確率値が割り当てられます．

$$p(x|y) = \frac{\text{freq}(x, y) + 1}{\sum_{w \in \text{全見出し語}} (\text{freq}(w, y) + 1)}$$
$$p(y|y') = \frac{\text{freq}(y', y) + 1}{\sum_{t \in \text{全品詞}} (\text{freq}(y', t) + 1)} \quad (5.18)$$

もともとの隠れマルコフモデルは，品詞列 $\mathbf{y}$ を観察されないデータとし，EM アルゴリズムを用いて，生文から $p(\mathbf{x}|\mathbf{y})$ と $p(\mathbf{y})$ を推定するアルゴリズ

ムです．しかし，日本語形態素解析において，生文のみから確率値を推定した研究は報告されていません．人間が定めた品詞集合が尤度を最大化するような集合となっているとは限らないことと，多くの局所解の存在が未知データからの確率推定がうまくいかない原因だと考えられます．

5.5.3 拡張隠れマルコフモデル

隠れマルコフモデルは，時系列データをモデル化する汎用的な手法であり，自然言語処理分野では，英語の品詞タグ付けに最初に導入されました．英語の品詞は高々数〜十程度しかなく，比較的小さいデータからでも確率の推定が可能でした．一方，日本語は，英語よりもはるかに複雑な品詞体系を採用しており，各品詞に1状態を割り当てて隠れマルコフモデルの学習を行うと考慮すべき状態が精緻すぎて学習データに存在しない確率が推定できない，もしくは推定できたとしても信頼性が低い，といった問題が生じます．これはデータスパースネスと呼ばれ，統計的言語処理には避けては通れない問題の一つです．例えば，IPA品詞体系の場合，各形態素に付与された，品詞，活用型，活用形を全て展開するとその異なり数は，500にもなり，多くの確率値が未知となります．

拡張隠れマルコフモデル [23] は，このような細かい品詞体系でも精度よくパラメータを推定するためにChaSenにおいて導入された手法です．拡張隠れマルコフモデルでは，品詞や単語を同じような振る舞いをする同値類にグルーピングすることでパラメータ数を減らします．さらに，各単語を左から見るか右から見るかでグルーピングの単位を変えることで，言語的な知識を柔軟に取り入れることを可能にしています．

図5.10に，動詞「読む」の先行する語，後続する語と活用形の関係を示します．「読まない」「読めば」は，それぞれ「動詞の未然形＋助動詞ない」，「動詞の仮定形＋助詞ば」と解析されます．これらの活用形は，後続する単語（ない/ば）によって決定されます．一方，「本を読まない」「本を読めば」「本を読む」といえることから，動詞「読む」の前に出現する単語は，活用形には影響しません．つまり，動詞や形容詞の活用形は後続する単語の品詞や単語と強い結び付きがありますが，先行する単語とはほぼ関係がありません．このことから，動詞や形容詞は，後続する単語と統計値を取るときのみ，すなわち単語を右から見るときには，活用形を品詞の一部として展開し，それ以外は活用形を無視してグルーピングする（終止形に合流）ことでパラメータ

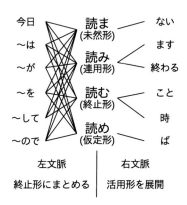

図 5.10 左文脈, 右文脈, 活用形の関係

数を減らすことができます.

さらに，口語表現には多くの縮約表現があります．例えば，助動詞「ちゃう」（食べちゃう）は，「て（助詞）＋しまう（助動詞）」の二つの単語から構成される縮約形です．このことから，助動詞「ちゃう」を左から見ると「て（助詞）」，右から見ると「しまう（助動詞）」と振る舞うような単語とみなせば，たとえ学習データに「ちゃう」が出現しなくても，頻出する「て」「しまう」と確率値を共有することができます．

また，助詞や助動詞のような頻出機能語は，同一の品詞を持つ単語が文法的に異なった振る舞いをします．この場合，見出し語も品詞の一部とみなして確率値を計算することで，文法的な細かな振る舞いの違いを分別することができます．さらに，単語の出現頻度が低い場合は，十分な統計量が得られるように，単語と品詞の統計量を混合することも行われています．詳しくは，文献 [23] を参照してください．

拡張隠れマルコフモデルは，単語，品詞のペア x, y を左から見た同値類 $l(x, y)$，右から見た同値類 $r(x, y)$ にグルーピングしたものを新たな状態（品詞）とみなし，生起確率，連接確率を以下のように推定します．

$$p(x|l(x,y)) = \frac{\text{freq}(x, l(x,y))}{\sum_{w \in \text{全見出し語}} \text{freq}(x, l(w,y))} \quad (5.19)$$

$$p(l(x,y)|r(x',y')) = \frac{\text{freq}(r(x',y'), l(x,y))}{\sum_{(w,t) \in \text{全見出し語, 品詞}} \text{freq}(r(x',y'), l(w,t))} \quad (5.20)$$

表 5.1 に，形容詞「良い，よい」を左から見た場合のグルーピング規則の一部を示します．これらの形容詞を左から見た場合，活用形は区別する必要

表 5.1 拡張マルコフモデルのグルーピング例（文献 [23] より引用）

グルーピング前	グルーピング後
形容詞-非自立-アウオ段 ガル接続 よい	形容詞-非自立-よい
形容詞-非自立-アウオ段 仮定形 よい	
形容詞-非自立-アウオ段 仮定縮約1 よい	
形容詞-非自立-アウオ段 仮定縮約2 よい	
形容詞-非自立-アウオ段 ガル接続 良い	
形容詞-非自立-アウオ段 仮定形 良い	
形容詞-非自立-アウオ段 ガル接続 良い	
形容詞-非自立-アウオ段 仮定縮約1 良い	
形容詞-非自立-アウオ段 仮定縮約2 良い	

がないことから活用形を区別せず同一視しています．さらに，ひらがな，漢字の表記の違いを吸収しています．

人手によるコスト推定と拡張隠れマルコフモデルの本質的なアイデアは類似しています．人手によるコスト推定では，設定するパラメータ数を減らす目的で単語や品詞をグルーピングした単位でパラメータを割り当てていました．拡張隠れマルコフモデルは，データスパースネスの回避のために同様のグルーピングを行っています．実際，どの単語や品詞をどうグルーピングするかといったルールの多くは，人手によるコスト推定で得られた知見を再利用しています．

隠れマルコフモデルは，注釈付きコーパスからコスト値を推定することを可能にしました．しかし，日本語の細かい品詞体系から十分な統計量を推定するには，品詞ごとのグルーピングや単語の品詞化（語彙化）といった人の手による緻密なチューニングが必要であり，完全な自動化は実現できていません．

MeCab は，特定のコスト推定法に依存しておらず，拡張隠れマルコフモデルで導入された文脈ごとのグルーピングを実現するため，右文脈 ID と左文脈 ID を別々に定義できるよう設計されています．後述する条件付き確率場は，このようなグルーピングを行わなくても複数の情報を同時に取り入れることが可能なため，条件付き確率場をコスト推定に用いた辞書では左右の文脈を区別せず同一 ID を割り当てています[87]．辞書登録を考えると，複数の ID を持つことは冗長ですが，後述する連語登録時に（詳細は 5.7 節）左右の文脈 ID の使い分けが必要になります．

[87] 同一の ID にするかは辞書設計に依存します．

5.5.4 構造学習

構造学習 [24, 25] は，任意の構造の入出力 $(\mathbf{x}, \mathbf{y})$ の集合 $D = \{(\mathbf{x}_1, \mathbf{y}_1), \ldots, (\mathbf{x}_{|D|}, \mathbf{y}_{|D|})\}$ から，$\mathbf{x}$ と $\mathbf{y}$ の関係を学習し，未知のデータ $\mathbf{x}'$ に対し，その構造 $\mathbf{y}'$ を予測する問題として定式化されます．入出力 $(\mathbf{x}, \mathbf{y})$ 間のスコア $h(\mathbf{x}, \mathbf{y})$ と，その上での解の探索法 $\mathbf{y}^* = \arg\max_{\mathbf{y} \in \mathcal{Y}(\mathbf{x})} h(\mathbf{x}, \mathbf{y})$ を与えることができれば，モデルのパラメータを学習できる汎用性の高い手法です．自然言語処理のタスクを機械学習の問題として統一的に扱えるため，これまで，単語分割，品詞推定，固有表現抽出，構文解析，談話分析，機械翻訳といった多くのタスクに適用されています．

構造学習では，入力文 $\mathbf{x}$ と形態素解析出力 $\mathbf{y}$ を引数にとるスコア $h(\mathbf{x}, \mathbf{y})$ を考えます．コストとスコアの二つの概念が出てきて混乱しますが，スコアは最小化問題を最大化問題として解くため便宜的に導入された概念であり，コストの符号を反転させた値と同値です．

$$h(\mathbf{x}, \mathbf{y}) = -cost(\mathbf{x}, \mathbf{y}) \tag{5.21}$$

同様に，生起コスト，連接コストの符号を反転させたものを生起スコア，連接スコアと呼ぶこととします．

$$h_e(m) = -cost_e(m) \tag{5.22}$$

$$h_t(m', m) = -cost_t(m', m) \tag{5.23}$$

スコアは $h(\mathbf{x}, \mathbf{y})$ は，式 (5.24) のように $\mathbf{x}, \mathbf{y}$ を引数とする素性ベクトル $\phi(\mathbf{x}, \mathbf{y}) \in \mathbb{R}^N$ と重みベクトル $\mathbf{w} \in \mathbb{R}^N$ の内積として定式化します[88]．

$$h(\mathbf{x}, \mathbf{y}) = -cost(\mathbf{x}, \mathbf{y}) = \mathbf{w} \cdot \phi(\mathbf{x}, \mathbf{y}) \tag{5.24}$$

[88] $\mathbf{x} \in \mathbb{R}^N$ は，x が N 次元実数ベクトルの 1 要素であることを表します．

素性（そせい）とは，分類や予測をするために必要な手がかりです．一般には，複数の手がかりを用いて分類や予測を行うためベクトル表記が使われます．形態素解析の文脈では，「正しい解析結果にはどういった単語，品詞の並びが出現しやすいか」といった特徴をベクトルとして表したものです．

具体的に $\phi(\mathbf{x}, \mathbf{y})$ や $\mathbf{w}$ はどのようなベクトルになるのでしょう．最小コスト法は，スコア $h(\mathbf{x}, \mathbf{y})$ を $\mathbf{y}$ 上にある生起スコアと連接スコアの和として計算していました．そこで，スコア $h(\mathbf{x}, \mathbf{y})$ を式 (5.25) のように生起スコアと連接スコアに分解し，それぞれ素性ベクトルと重みベクトルの内積として表します．ただし，単語列を $\mathbf{x} = (x_1, \ldots, x_{|\mathbf{y}|})$，それに対応する品詞列を

$\mathbf{y} = (y_1, \ldots, y_{|\mathbf{y}|})$, 文頭, 文末を表す特殊な単語, 品詞を $x_0, x_{|\mathbf{y}|+1}, y_0, y_{|\mathbf{y}|+1}$ とします.

$$h(\mathbf{x}, \mathbf{y}) = \sum_{i=1}^{|\mathbf{y}|+1} (h_e(x_i, y_i) + h_t(y_{i-1}, y_i))$$

$$= \sum_{i=1}^{|\mathbf{y}|+1} (\mathbf{w}_e \cdot \phi_e(x_i, y_i) + \mathbf{w}_t \cdot \phi_t(y_{i-1}, y_i)) \tag{5.25}$$

素性ベクトル $\phi_e(x,y)$, $\phi_t(y',y)$ の各次元は, 学習データ中にある単語-品詞（生起）と品詞-品詞（連接）に対応させます. 例えば, $\phi_e(x,y)$ の k 次元目の値は, 見出し語が「今日」で品詞が名詞のときにのみ 1 を返し, それ以外は 0 を返すような**指示関数 (indicator function)** とします. このように言語的な特徴をその特徴の有無として返す関数を自然言語処理分野では**素性関数**と呼びます[89].

$$\phi_{e,k}(x,y) = \begin{cases} 1 & x = 今日 \text{ かつ } y = 名詞 \\ 0 & \text{それ以外} \end{cases} \tag{5.26}$$

同様に $\phi_t(y',y)$ についても名詞と助詞が連接するときのみ 1 を返し, それ以外は 0 を返すような素性関数を作ります.

$$\phi_{t,k}(y',y) = \begin{cases} 1 & y' = 名詞 \text{ かつ } y = 助詞 \\ 0 & \text{それ以外} \end{cases} \tag{5.27}$$

このような素性関数をデータ中に出現する全ての単語-品詞（生起）, 品詞-品詞（連接）について用意します. さらに, 重み $w_{e,k}$ には「今日」が名詞として出現するときの生起スコア, $w_{t,k}$ には助詞と名詞が連接するときの連接スコアを入れます.

前置きが長くなりましたが, このとき, 式 (5.25) は, $(\mathbf{x}, \mathbf{y})$ 中にある, 生起スコアと連接スコアの和になります.

素性関数の個数は素性ベクトルの次元数に対応します. データ中の全 [単語-品詞] [品詞-品詞] に個別の素性を割り当てるため, 素性ベクトルの次元数は膨大なものになりますが, 1 文に出現する非ゼロとなる素性はそれほど多くありません. このようなベクトルは**疎なベクトル**と呼ばれ, 自然言語処理では一般的です.

[89] 言語的以外の特徴であったり, 実数値を返す素性関数を作ることも可能ですが, 簡単のため二値のみを返す関数として説明します.

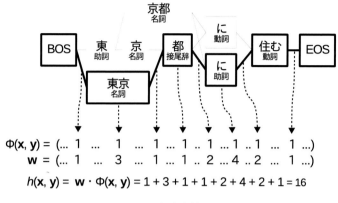

図 5.11　大域素性ベクトル

　$\phi(x, y)$ は，[単語-品詞] [品詞-品詞] に依存してさえいれば，どのような素性関数も使え，その個数に制限がありません．拡張隠れマルコフモデルで用いたグルーピング規則，階層的な品詞や活用形，単語の文字種，部分文字列，およびそれらと品詞の組み合わせなど，複数の特徴を同時に考慮できるところが構造学習の最大の利点です．式 (5.28) に名詞の細分類まで考慮する素性関数の例を示します．この素性関数は式 (5.27) と同時に使うことができます．

$$\phi_{t,k'}(y', y) = \begin{cases} 1 & y' = 名詞\text{-}固有名詞 \text{ かつ } y = 助詞\text{-}格助詞 \\ 0 & それ以外 \end{cases} \quad (5.28)$$

　ここで，式 (5.24) と素性関数の関係について考えてみましょう．素性ベクトル $\phi(\mathbf{x}, \mathbf{y})$ は，$(\mathbf{x}, \mathbf{y})$ 中の [単語-品詞] [品詞-品詞] について素性関数の値を足し合わせたものです．つまり，素性ベクトル $\phi(\mathbf{x}, \mathbf{y})$ は，[単語-品詞] [品詞-品詞] に対応する次元にそれらの出現頻度が格納されたベクトルとなります．これは，「正しい解析結果にはどういった単語，品詞の並びが出現しやすいか」という形態素解析の素性ベクトルとして自然な設計になっています．$\phi(\mathbf{x}, \mathbf{y})$ は，文全体の素性ベクトルとなるため，**大域素性ベクトル**と呼ばれます．スコアを大域素性ベクトル $\phi(\mathbf{x}, \mathbf{y})$ と重みベクトル $\mathbf{w}$ の内積として表現することで，コスト推定法を機械学習の枠組みとして解くことが可能となります．図 5.11 に大域素性ベクトルとスコアの関係を示します．

5.5.5　構造学習の例：MeCab

MeCabを例に，構造学習における素性関数がどのように定義されているかを紹介します．MeCabの素性関数は，同じような振る舞いをする形態素をまとめる**グルーピング規則**と，グルーピングされた形態素情報から複数の素性を取り出す**素性抽出規則**の二つの規則で記述されます．グルーピング規則は，拡張隠れマルコフモデルのグルーピング規則とその役割は同じです．

- **グルーピング規則 (rewrite.def)**

  辞書にある情報(見出し語，品詞，活用など)から，内部状態の素性に変換するマッピングを定義します．内部状態の素性として，**生起素性**，**右文脈素性**，**左文脈素性**の三つが使われます．グルーピング規則を用いることで，「来る」と「くる」の表記ゆれを同一視したり，特定の機能語について単語を品詞とみなして統計値を取るといったことが可能になります．

  以下に，rewrite.def の例を示します．

```
[unigram rewrite]
# 既知語は，読み，発音をとりのぞいて
# 品詞 1,2,3,4, 活用形, 活用型, 原形, よみ を使う
*,*,*,*,*,*,*,*    $1,$2,$3,$4,$5,$6,$7,$8
# 読みがない場合は無視 (未知語)
*,*,*,*,*,*,*,*    $1,$2,$3,$4,$5,$6,$7,*

[left rewrite]
# 「ない」 と 「無い」は同一視し，原形で区別する
(助詞|助動詞),*,*,*,*,*,*,(ない|無い)    $1,$2,$3,$4,$5,$6, 無い
(助詞|助動詞), 終助詞,*,*,*,*,(よ|ヨ)    $1,$2,$3,$4,$5,$6, よ
..
# デフォルト規則：品詞 1,2,3,4, 活用形, 活用型 を用い，原形は区別しない
*,*,*,*,*,*,*,*    $1,$2,$3,$4,$5,$6,*

[right rewrite]
(助詞|助動詞),*,*,*,*,*,*,(ない|無い)    $1,$2,$3,$4,$5,$6, 無い
..
```

rewrite.def は，生起素性([unigram rewrite])，右文脈素性([right rewrite])，左文脈素性([left rewrite])の三つのセクションに分かれています．各行には，最初にパターン，次に変換先を記述します．規則は先頭から順に走査され，最初にマッチしたパターンが用いられます．パターン中では簡単な

90) *は，ワイルドカード．(A|B) は，A もしくは B にマッチします．

正規表現[90]) が使えます．変換先では $1, $2 といったマクロを使うことで CSV で記述された辞書素性の内容を参照できます．

グルーピング規則により，辞書中の形態素素性が学習用の形態素素性に書き換えられます．例えば，上の rewrite.def の定義を使うと，「名詞,副詞可能,*,*,*,*,今日,キョウ,キョー」という形態素素性は，生起素性では「名詞,副詞可能,*,*,*,*,今日,キョウ」，左，右文脈素性では原形のフィールドを無視して「名詞,副詞可能,*,*,*,*」となります．

- **素性抽出規則 (feature.def)**

  グルーピング規則により，一つの形態素から **生起素性**，**左文脈素性**，**右文脈素性** の 3 つの素性が CSV 文字列として生成されます．素性抽出規則は，この CSV で表現された素性から複数の素性文字列を生成します．生成された一つの素性文字列が一つの素性関数に対応します．つまり，ある素性文字列が現在の文脈で生成されたとき，対応する素性関数が 1 を返すものとします．

  以下に feature.def の例を示します．各行が一つの素性関数（テンプレート）に対応します．UNIGRAM で始まる行は生起の素性，BIGRAM で始まる行は連接の素性です．各行では以下のマクロが利用できます．

  - %F[n]: 生起素性の n 番目のフィールドに展開されます．
  - %L[n]: 左文脈素性の n 番目のフィールドに展開されます．
  - %R[n]: 右文脈素性の n 番目のフィールドに展開されます．
  - "?" がつくものは，そのフィールドが未定義のときには展開されません．

```
UNIGRAM W0:%F[6]
UNIGRAM W1:%F[0]/%F[6]
UNIGRAM W2:%F[0],%F?[1]/%F[6]
UNIGRAM W3:%F[0],%F[1],%F?[2]/%F[6]
UNIGRAM W4:%F[0],%F[1],%F[2],%F?[3]/%F[6]

BIGRAM B00:%L[0]/%R[0]
BIGRAM B01:%L[0],%L?[1]/%R[0]
BIGRAM B02:%L[0]/%R[0],%R?[1]
BIGRAM B03:%L[0]/%R[0],%R[1],%R?[2]
BIGRAM B04:%L[0],%L?[1]/%R[0],%R[1],%R?[2]
BIGRAM B05:%L[0]/%R[0],%R[1],%R[2],%R?[3]
..
```

アルゴリズム 1 パーセプトロンによるコスト推定

$\mathbf{w}^1 \leftarrow 0$ ▷ 重みベクトルの初期化
$t \leftarrow 1$
for $i = 1, 2, \ldots, |D|$ **do**   ▷ 各事例ごとに重みを更新
  $\mathbf{y}^* = \arg\max_{\mathbf{y} \in \mathcal{Y}(\mathbf{x}_i)} \mathbf{w}^t \cdot \phi(\mathbf{x}_i, \mathbf{y})$ ▷ ビタビアルゴリズムにより最適解 $\mathbf{y}^*$ を導出
  $\mathbf{w}^{t+1} \leftarrow \mathbf{w}^t + (\phi(\mathbf{x}_i, \mathbf{y}_i) - \phi(\mathbf{x}_i, \mathbf{y}^*))$ ▷ 重みの更新
  $t \leftarrow t + 1$
end for

例えば，生起素性「名詞,副詞可能,*,*,*,*,今日,キョウ」からは，「W0:今日」「W1:名詞/今日」「W2:名詞,副詞可能/今日」の三つの素性文字列が生成され，それらに対応する素性関数のみが 1 を返します．なお，先頭の W1, W2 は，個々のテンプレートの出力が重複しないようにするための識別子です．W3:, W4:で始まる素性は，未定義項があるため展開されません．

MeCab は，CSV の各フィールドがどのような意味を持つのか知りません．辞書が CSV で表記されてさえいれば，形態素のグルーピングや語彙化等を考慮した素性関数を柔軟に定義することができます．この柔軟性は，辞書とシステムの分離に役立っており，ソースコードを変えることなく ipadic, UniDic, JUMAN 辞書をサポートすることに成功しています[91]．ただし，どの形態素をグルーピングするか，どういった素性関数を作成するかは言語の素養と専門的な知識を要します．実際にどのように素性関数が定義されているかは，ipadic, UniDic に同封されている rewrite.def, freature.def をご覧ください．

5.5.6 パーセプトロンによる学習

構造学習における重みベクトル $\mathbf{w}$ の推定は，「正解データのスコア $\mathbf{w} \cdot \phi(\mathbf{x}, \mathbf{y})$ が，正解以外のどのスコアよりも大きくなるように $\mathbf{w}$ を求めよう」という考え方が基本です．このアイデアはパーセプトロン [24] によって直接実装できます．パーセプトロンを用いた重みベクトル $\mathbf{w}$ の学習は**アルゴリズム 1** のようになります．

このアルゴリズムが，何をしているか考えてみましょう．各イテレーション t の重み $\mathbf{w}^t$ を用いて $\mathbf{x}_i$ を解析し，結果を $\mathbf{y}^*$ とします．解析にはビタビアルゴリズムを用います．$\mathbf{x}_i$ が正しく解析されない場合は，重みを $\phi(\mathbf{x}_i, \mathbf{y}_i) - \phi(\mathbf{x}, \mathbf{y}^*)$

[91] それぞれの辞書は，CSV のカラム数が異なります．

だけ変化させます．これは，正解データ $(\mathbf{x}_i, \mathbf{y}_i)$ のスコアを大きくし，誤った解析結果 $(\mathbf{x}, \mathbf{y}^*)$ のスコアを小さくしていることに相当します．$\mathbf{x}_i$ が正しく解析された場合は $\mathbf{y}_i = \mathbf{y}^*$ となるため重みの更新は行われません．

パーセプトロンは動作原理がわかりやすく実装も簡単です．パーセプトロンの理解を深めるために，最小コスト法の文脈でアルゴリズムを書き直してみましょう．

最小コスト法のパーセプトロンによる学習

1. 生起コストを 0 に初期化
2. 連接コストを 0 に初期化
3. 学習データ $(\mathbf{x}, \mathbf{y})$ を一つずつ読み込みながら，事前に決めた繰り返し回数，あるいはコスト値に変化がなくなるまで繰り返す
   (a) 現在のコストによる $\mathbf{x}$ の解析結果を $\mathbf{y}^*$ とする
   (b) 正解 $\mathbf{y}$ の経路上にある生起，連接コストから 1 を引く
   (c) 解析結果 $\mathbf{y}^*$ の経路上にある生起，連接コストに 1 を足す

事例を一つずつ読み込みながら，正解の経路にあるコストを低く，不正解の経路にあるコストを高くすることで最適なコストを求めていきます．$\mathbf{y}^*$ 中にある生起，連接コストのうち，正解の経路にも含まれるコストは，1 を引いて 1 を足すため実際には変化しません．この手続きは，人間がチューニングするとき用いる戦略に類似しています．

5.5.7 目的関数と最適化

構造学習は**目的関数**によってさまざまなモデル化が可能であり，先に説明したパーセプトロンは，目的関数として**パーセプトロン基準**を用いた構造学習の一例にすぎません．目的関数は，学習アルゴリズムが最小化すべき指標であり，一般にはモデルが学習データにどれだけフィットしているかを数値化したものです．目的関数を導入することで，最適な重みベクトル $\mathbf{w}$ の導出は，目的関数を最小にする $\mathbf{w}$ の探索問題として定義できます．

構造学習における目的関数とその最小化は式 (5.29) のように定式化できます．

$$\mathbf{w}^* = \mathop{\arg\min}_{\mathbf{w} \in \mathbb{R}^N} L(\mathbf{w}, D)$$

$$= \operatorname*{arg\,min}_{\mathbf{w} \in \mathbb{R}^N} \sum_{i=1}^{|D|} l(\mathbf{w}, \mathbf{x}_i, \mathbf{y}_i) \tag{5.29}$$

ただし，$D = \{(\mathbf{x}_1, \mathbf{y}_1), (\mathbf{x}_2, \mathbf{y}_2), \ldots, (\mathbf{x}_{|D|}, \mathbf{y}_{|D|})\}$ は，学習データの集合，$l(\mathbf{w}, \mathbf{x}_i, \mathbf{y}_i)$ は事例ごとの目的関数です．各事例は互いに独立であると仮定し，全体の目的関数 $L(\mathbf{w}, D)$ は事例単位の目的関数の和としています．

目的関数の最小化にはさまざまな最適化手法が利用可能です．**勾配降下法**では，目的関数 $L(\mathbf{w}, D)$ が収束するまで式 (5.30) を用いて重みを更新します．

$$\mathbf{w}^{t+1} = \mathbf{w}^t - \eta \nabla L(\mathbf{w}^t, D) \tag{5.30}$$

ただし，$\mathbf{w}^{t+1}$ は，t 回目のパラメータ更新の後に得られた重みベクトルです．$\nabla L(\mathbf{w}, D)$ は，目的関数 $L(\mathbf{w}, D)$ の $\mathbf{w}$ に関する勾配ベクトルです．勾配ベクトルは，$\mathbf{w}$ の各次元 w_k ごとに独立に微分をすることで求まります．

$$\nabla L(\mathbf{w}, D) = \left(\frac{\partial L(w_1, D)}{\partial w_1}, \frac{\partial L(w_2, D)}{\partial w_2}, \ldots, \frac{\partial L(w_N, D)}{\partial w_N} \right) \tag{5.31}$$

η は，学習率と呼ばれる値で，0 以上の適当な値を与えるものとします．

収束の判定は，目的関数の変化の度合いがよく用いられます．つまり，任意の小さな定数 ϵ に対し，$|L(\mathbf{w}^{t+1}, D) - L(\mathbf{w}^t, D)| < \epsilon$ もしくは $|L(\mathbf{w}^{t+1}, D) - L(\mathbf{w}^t, D)|/L(\mathbf{w}^t, D) < \epsilon$ となったときに収束したものとみなします．

式 (5.30) の勾配降下法は，1 回の重みの更新のために全事例を使って勾配ベクトルを計算するため，計算コストが大きくなる問題があります．一方，**確率的勾配下降法**は，全てのデータを読み込んでから勾配を計算する代わりに，一つずつデータを読み込んで事例ごとの目的関数 $l(\mathbf{w}, \mathbf{x}_i, \mathbf{y}_i)$ から勾配ベクトルを計算し，重みベクトル更新します．ちなみに，全ての学習を読み込んで重みを更新する手法を**バッチ学習**，一つずつデータを読み込んでそのつど重みを更新する手法を**オンライン学習**といいます．

確率的勾配下降法の学習を**アルゴリズム 2** に示します．この例では，各事例を 1 回だけ参照して重みを更新していますが，重みベクトルが収束するまで何度も参照することも可能です．

パーセプトロンを目的関数の最小化として再定義してみましょう．パーセプトロンの目的関数 l_{pt} は式 (5.32) のようになります．

$$\begin{aligned} l_{pt}(\mathbf{w}, \mathbf{x}, \mathbf{y}) &= \max(\mathbf{w} \cdot (\phi(\mathbf{x}, \mathbf{y}^*) - \phi(\mathbf{x}, \mathbf{y})),\ 0) \\ \text{ただし } \mathbf{y}^* &= \operatorname*{arg\,max}_{\mathbf{y} \in \mathcal{Y}(\mathbf{x})} (\mathbf{w} \cdot \phi(\mathbf{x}, \mathbf{y})) \end{aligned} \tag{5.32}$$

アルゴリズム 2 確率的勾配降下法

$\mathbf{w}^1 \leftarrow 0$ ▷ 重みベクトルの初期化
$t \leftarrow 1$
for $i = 1, 2, \ldots, |D|$ do ▷ 各事例ごとに重みを更新
　　$\mathbf{w}^{t+1} \leftarrow \mathbf{w}^t - \eta \nabla l(\mathbf{w}^t, \mathbf{x}_i, \mathbf{y}_i)$
　　$t \leftarrow t + 1$
end for

アルゴリズム 3 パーセプトロン基準に基づく確率的勾配降下法

$\mathbf{w}^1 \leftarrow 0$ ▷ 重みベクトルの初期化
$t \leftarrow 1$
for $i = 1, 2, \ldots, |D|$ do ▷ 各事例ごとに重みを更新
　　$\mathbf{y}^* = \arg\max_{\mathbf{y} \in \mathcal{Y}(\mathbf{x}_i)} \mathbf{w}^t \cdot \phi(\mathbf{x}_i, \mathbf{y})$ ▷ ビタビアルゴリズムにより $\mathbf{y}^*$ を導出
　　if $\mathbf{w}^t \cdot (\phi(\mathbf{x}_t, \mathbf{y}^*) - \phi(\mathbf{x}_i, \mathbf{y}_i)) \geq 0$ then
　　　　$\mathbf{w}^{t+1} \leftarrow \mathbf{w}^t - \eta(\phi(\mathbf{x}_i, \mathbf{y}^*) - \phi(\mathbf{x}_i, \mathbf{y}_i))$
　　end if
　　$t \leftarrow t + 1$
end for

$l_{pt}(\mathbf{w}, \mathbf{x}, \mathbf{y})$ は，$\mathbf{y} = \mathbf{y}^*$ のとき勾配を定義できませんが，確率的勾配下降法では勾配の概念を拡張した**劣勾配**を用いることが可能です．劣勾配の詳細は省略しますが，本書の範囲では，勾配として機能するベクトルの集合という理解で問題ありません．劣勾配を用いて最適化を行う場合は，劣勾配の集合から計算の容易なベクトルを一つ選択して重みを更新します．パーセプトロンの目的関数の（劣）勾配は，式 (5.33) となります．

$$\nabla l_{pt}(\mathbf{w}, \mathbf{x}, \mathbf{y}) = \begin{cases} \phi(\mathbf{x}, \mathbf{y}^*) - \phi(\mathbf{x}, \mathbf{y}) & \text{if } \mathbf{w} \cdot (\phi(\mathbf{x}, \mathbf{y}^*) - \phi(\mathbf{x}, \mathbf{y})) \geq 0 \\ 0 & \text{それ以外.} \end{cases}$$
(5.33)

アルゴリズム 3 に確率的勾配下降法を用いた重みの更新方法を示します．
　アルゴリズム 1 とアルゴリズム 3 を見比べてみると，違いは，if 文による重みベクトル $\mathbf{w}$ の更新条件と学習率 η の有無です．式 (5.32) の定義から，if の条件式は常に成立します[92]．つまり，アルゴリズム 1 とアルゴリズム 3 の違いは，学習率の有無だけで本質的には同じ計算をしています．

---

[92] ここでは，二値分類におけるパーセプトロンの目的関数と対比するため，恒真式でもあえてこの条件を導入しました．

コラム：オンライン学習とバッチ学習

オンライン学習は，現在の深層学習を含む機械学習になくてはならないアルゴリズムです．しかし，オンライン学習が自然言語処理に導入された当初は，積極的に適用されることはありませんでした．バッチ学習が学習データ全体を使って学習するのに対し，オンライン学習は逐次処理です．学習データを読み込む順番によって結果が変わるため決定論的な挙動が期待できません．さらに，パーセプトロンの学習自体は他のバッチ学習に比べ驚くほどシンプルで，何故それでうまくいくのか十分な理解がすすんでいませんでした．「ベクトルを足したり引いたりするだけで大丈夫なのか」「全体を使ったほうが精度が高いに決まっている」「非決定的動作は問題がある」という思い込みが強く，たとえ実装が簡単になったとしても，バッチ処理を用いることが多かったように思います．MeCabの学習は，そのような思い込みのさなかに設計されたこともありバッチ学習を採用しています．その後，オンライン学習の理論的な背景が明らかになったことと，全ての学習データを一度に読み込めないような大量のデータ（ビッグデータ）が利用可能になったことで，オンライン学習がその地位を確立していきます．現在では，オンライン学習の利点のほうがバッチ処理を上回るようになっています．本書では触れませんが，最先端のオンライン学習手法を用いると，学習時間が大幅に短縮されます．例えば，MeCabの学習は，バッチ学習だと数時間かかるところが，オンライン学習だと数分で終わります．これから形態素解析システムを作ることになれば，迷わずオンライン学習を選択します．

5.5.8 構造化サポートベクトルマシン

構造化サポートベクトルマシン (Structured Support Vector Machine) [26] は，目的関数として式(5.34)を用いる構造学習法です．

$$l_{svm}(\mathbf{w}, \mathbf{x}, \mathbf{y}) = \max(\mathbf{w} \cdot (\phi(\mathbf{x}, \mathbf{y}^*) - \phi(\mathbf{x}, \mathbf{y})), 0)$$
$$\text{ただし, } \mathbf{y}^* = \arg\max_{\mathbf{y} \in \mathcal{Y}(\mathbf{x})} (\mathbf{w} \cdot \phi(\mathbf{x}, \mathbf{y}) + \Delta(\mathbf{y}, \mathbf{y}^*)) \quad (5.34)$$

構造化サポートベクトルマシンとパーセプトロンの違いは，ボーナス項 $\Delta(\mathbf{y}, \mathbf{y}^*)$ の有無です．ボーナス項は，$\mathbf{y} = \mathbf{y}^*$ のときに0となり，それ以外は0より大

きい値をとるような関数です．通常，$\Delta(\mathbf{y}, \mathbf{y}^*)$ は，精度に反比例するように設計します．つまり，構造化サポートベクトルマシンは，不正解に対しボーナス $\Delta(\mathbf{y}, \mathbf{y}^*)$ を与えながら解析しても，正しい解 $\mathbf{y}$ が選ばれるように学習が行われます．学習時にあえて不利な状況で学習することで，未知データに対するスコア計算の頑健性が高まります．ボーナス項のように正解データと不正解データのスコアの間に与えられた意図的な差をマージンと呼ぶことがあります．

式 (5.34) における $\arg\max$ は，$\Delta(\mathbf{y}, \mathbf{y}^*)$ を含んでおり，$\Delta(\mathbf{y}, \mathbf{y}^*)$ 自身も $\mathbf{w}$ に依存している点に注意が必要です．式 (5.34) は，ビタビアルゴリズムに対して，ボーナス $\Delta(\mathbf{y}, \mathbf{y}^*)$ を考慮するよう変更を加えます．具体的には，ビタビアルゴリズムを動かしながら，正解以外の出力列 $\mathbf{y}$ にある生起スコア，連接スコアに定数 $c \in \mathbb{R}^+$ を加えます．ボーナス項の扱いに違いがありますが，アルゴリズムの流れはパーセプトロンと変わりません．

5.5.9 条件付き確率場

条件付き確率場 (Conditional Random Fields, CRFs) [1, 27] は，対数線形モデルの一種であり，入力 $\mathbf{x}$ から形態素解析結果 $\mathbf{y}$ が出力される条件付き確率 $P(\mathbf{y}|\mathbf{x})$ をモデル化します．隠れマルコフモデルが，$\mathbf{x}$ と $\mathbf{y}$ の同時確率 $P(\mathbf{y}, \mathbf{x})$ を導出していたのに対し，条件付き確率場は条件付き確率 $P(\mathbf{y}|\mathbf{x})$ を直接導出します．条件付き確率場は，もともと構造学習とは独立に提案された手法ですが[93]，本書では，目的関数の違いに注目しながら構造学習の一例として説明します．なお，条件付き確率場の説明には多くの数式を要します．結果だけが知りたい方は，この章を読み飛ばしてください．

条件付き確率場は，$P(\mathbf{y}|\mathbf{x})$ を式 (5.35) のような指数分布として表します．

$$\begin{aligned} P(\mathbf{y}|\mathbf{x}) &= \frac{\exp(h(\mathbf{x}, \mathbf{y}))}{Z} \\ &= \frac{\exp(\mathbf{w} \cdot \phi(\mathbf{x}, \mathbf{y}))}{Z} \end{aligned} \quad (5.35)$$

ただし Z は，$Z = \sum_{\mathbf{y} \in \mathcal{Y}(\mathbf{x})} \exp(\mathbf{w} \cdot \phi(\mathbf{x}, \mathbf{y}))$，すなわち全ての解析結果の確率の和を1とするような正規化項です．なお，式 (5.35) のように，指数分布を用いて K 個の実数値を K 個の確率値に変換する関数をソフトマックス関数と呼びます．

条件付き確率場を用いて解析を行う場合は，

---

93) 条件付き確率場は 2001 年に提案されました．構造学習の登場はその 1 年後です．

$$\begin{aligned}
\mathbf{y}^* &= \underset{\mathbf{y}\in\mathcal{Y}(\mathbf{x})}{\arg\max}(P(\mathbf{y}|\mathbf{x})) \\
&= \underset{\mathbf{y}\in\mathcal{Y}(\mathbf{x})}{\arg\max}\left(\frac{\exp(h(\mathbf{y},\mathbf{x}))}{Z}\right) \\
&= \underset{\mathbf{y}\in\mathcal{Y}(\mathbf{x})}{\arg\max}(h(\mathbf{y},\mathbf{x})) \\
&= \underset{\mathbf{y}\in\mathcal{Y}(\mathbf{x})}{\arg\max}(\mathbf{w}\cdot\phi(\mathbf{x},\mathbf{y}))
\end{aligned} \qquad (5.36)$$

となる最大化問題を解きます．これは，スコアが最大になる解を求めること，すなわち最小コスト法の解析手法にほかなりません．

式 (5.37) に条件付き確率場の事例単位の目的関数を示します．これは，対数尤度 $\log P(\mathbf{y}|\mathbf{x})$ の最大化（最尤推定法）と本質的に同一です．

$$\begin{aligned}
l_{crf}(\mathbf{w},\mathbf{x},\mathbf{y}) &= -\log P(\mathbf{y}|\mathbf{x}) \\
&= -\mathbf{w}\cdot\phi(\mathbf{x},\mathbf{y}) + \log(Z)
\end{aligned} \qquad (5.37)$$

条件付き確率場を確率的勾配降下法で最適化するために，事例ごとの目的関数 $l_{crf}(\mathbf{w},\mathbf{x},\mathbf{y})$ を $\mathbf{w}$ で微分し，勾配を計算します．導出過程は複雑になるので，付録「条件付き確率場の勾配の導出方法」を参照してください．

$$\nabla l_{crf}(\mathbf{w},\mathbf{x},\mathbf{y}) = -\phi(\mathbf{x},\mathbf{y}) + \sum_{\mathbf{y}\in\mathcal{Y}(\mathbf{x})}\phi(\mathbf{x},\mathbf{y})P(\mathbf{y}|\mathbf{x}) \qquad (5.38)$$

式 (5.38) の第 2 項は，全ての解候補 $\mathbf{y}$ について $P(\mathbf{y}|\mathbf{x})$ を計算し，素性ベクトル $\phi(\mathbf{x},\mathbf{y})$ の期待値を計算しています．解候補 $\mathbf{y}$ は入力 $\mathbf{x}$ の長さに対して指数的に増えていくため，全ての解を列挙することは現実的ではありません．そこで動的計画法の一種である**前向き後ろ向きアルゴリズム**を用いて効率よく計算します．

前向き後ろ向きアルゴリズムの導入として，正規化項 $Z = \sum_{\mathbf{y}\in\mathcal{Y}(\mathbf{x})}\exp(\mathbf{w}\cdot\phi(\mathbf{x},\mathbf{y}))$ の効率よい計算方法を考えてみましょう．高速化のポイントは，ラティス構造の特徴をうまく活かして重複する解をくくり出すことにあります．例として図 5.12 のような簡単なラティスを考えてみます．エッジ上の値 a〜h は連接スコアとし，簡単のためノードの生起スコアは 0 とします．

図 5.12 には，A-C, A-D, B-C, B-D 計四つの経路が存在します（BOS, EOS は省略しました）．Z を定義どおりに計算すると

$$Z = \exp(a+b+c) + \exp(a+g+f)$$

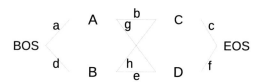

図 5.12 前向き後ろ向きアルゴリズムの例

$$+ \exp(d+h+c) + \exp(d+e+f) \tag{5.39}$$

となります．任意の実数 x, y について $\exp(x+y) = \exp(x)\exp(y)$ になることを利用すると，

$$Z = \{\exp(a+b) + \exp(d+h)\} \cdot \exp(c) + \\ \{\exp(a+g) + \exp(d+e)\} \cdot \exp(f) \tag{5.40}$$

と変形できます．

ここで，ラティス中のノード m に対応する**前向きスコア** α_m を，文頭から m までの部分解のスコアを指数関数に適用した値を m に至る全ての解について和をとった値と定義します．例えば，ノード C に至る経路は A-C と B-C があり，それぞれのスコアは $(a+b)$ と $(d+h)$ であるため，$\alpha_C = \exp(a+b) + \exp(d+h)$ となります．同様に前向きスコアの定義から $\alpha_D = \exp(a+g) + \exp(d+e)$，$Z = \alpha_{EOS}$ が導けます．α_C, α_D を用いると，式 (5.40) は

$$Z = \alpha_C \cdot \exp(c) + \alpha_D \cdot \exp(f) \tag{5.41}$$

のように簡潔に書くことができます．

前向きスコアによる展開を Z から文頭 α_{BOS} まで続けると，$\alpha_{EOS}, \alpha_C, \alpha_D, \alpha_B, \alpha_A, \alpha_{BOS}$ は以下のように展開できます．

$$Z = \alpha_{EOS}$$
$$\alpha_{EOS} = \alpha_C \cdot \exp(c) + \alpha_D \cdot \exp(f)$$
$$\alpha_D = \alpha_A \cdot \exp(g) + \alpha_B \cdot \exp(e)$$
$$\alpha_C = \alpha_A \cdot \exp(b) + \alpha_B \cdot \exp(h)$$

$$\alpha_B = \alpha_{BOS} \cdot \exp(d)$$
$$\alpha_A = \alpha_{BOS} \cdot \exp(a)$$
$$\alpha_{BOS} = \exp(0.0) = 1.0$$

注目すべきことは，Z が α_m の再帰的な式展開で計算できる点です．α_m の個数は，高々ラティス中のノード数しかありません．また，α_m は，ノード m の分岐数個の項を持っているため，Z は，(ノード数 × 最大分岐数) の計算量で求まります．このことはラティスが複雑になった場合でも成立します．

ここでは，Z が与えられた場合での式の展開を示しましたが，実際は，α_{BOS} からスタートし，$\alpha_A, \alpha_B\ \alpha_C, \alpha_D, Z$ の順で式を構成していきます．以下に Z の計算手続きを示します．

前向きスコアの計算

1. $\alpha_{BOS} = 1$ とする
2. ラティス上のノードを開始位置の昇順に整列
3. 各ノード r に左から連接する ノード集合 $l \in L(r)$ について
   $\alpha_r = \sum_{l \in L(r)} \alpha_l \cdot \exp(score_t(l, r) + score_e(r))$
4. $Z = \alpha_{EOS}$

ただし，上記のアルゴリズムをそのまま動かすと小さい数値の積が繰り返されるため，Z, α_m の値が簡単にアンダーフローしてしまいます．実応用では，Z, α_m の代わりに $\log(Z), \log(\alpha_m)$ を計算します．

前向きスコアの計算（対数版）

1. $\log(\alpha_{BOS}) = 0$ とする
2. ラティス上のノードを開始位置の昇順に整列
3. ノード r に左から連接するノード集合 $l \in L(r)$ について
   $\log(\alpha_r) = \log(\sum_{l \in L(r)} \exp(\log(\alpha_l) + score_t(l, r) + score_e(r)))$
4. $\log(Z) = \log(\alpha_{EOS})$

$\log(\sum_i \exp(s_i))\ (s_i \in \mathbb{R})$ の形は，**logsumexp** と呼ばれます．s_i の差に注目することでアンダーフローを回避しながら効率よい計算が行えます．詳細は，付録「logsumexp」にまとめています．

さらに，α_m と同様の手続きを文末から文頭に向けて計算した値 β_m を後ろ向きスコアといい，以下の手続きで計算します．

後ろ向きスコアの計算（対数版）

1. $\log(\beta_{EOS}) = 0$ とする
2. ラティス上のノードを終了位置の降順に整列
3. 各ノード l に右から連接する ノード集合 $r \in R(l)$ について
   $\log(\beta_l) = \log(\sum_{r \in R(l)} \exp(\log(\beta_r) + score_t(l,r) + score_e(l)))$
4. $\log(Z) = \log(\beta_{BOS})$

後ろ向きスコア β_m は，文末から m までの部分解のスコアを指数関数に適用した値を m に至る全ての部分解について和をとった値です．

Z，前向きスコア α_m，後ろ向きスコア β_m を用いて，勾配 $\nabla l_{crf}(\mathbf{w}, \mathbf{x}, \mathbf{y})$ を計算します．計算したい値は 式 (5.38) の第 2 項です（式 (5.42)）．

$$\sum_{\mathbf{y} \in \mathcal{Y}(\mathbf{x})} \phi(\mathbf{x}, \mathbf{y}) P(\mathbf{y}|\mathbf{x}) \tag{5.42}$$

$m = \langle x, y \rangle \in \mathcal{U}(\mathbf{x})$ をラティス中のノード集合とすると，生起素性ベクトル $\phi_e(\mathbf{x}, \mathbf{y})$ の期待値は，ノードごとの素性ベクトル $\phi_e(x, y)$ の期待値に変形できます．

$$\sum_{\mathbf{y} \in \mathcal{Y}(\mathbf{x})} \phi_e(\mathbf{x}, \mathbf{y}) P(\mathbf{y}|\mathbf{x}) = \sum_{\langle x, y \rangle \in \mathcal{U}(\mathbf{x})} \phi_e(x, y) P(\langle x, y \rangle | \mathbf{x}) \tag{5.43}$$

$P(\langle x, y \rangle | \mathbf{x})$ は，ノード $m = \langle x, y \rangle$ がラティス中に出現する確率（**周辺確率**）であり，全経路 $\mathcal{Y}(\mathbf{x})$ のうち，m を通る経路について $P(\mathbf{y}|\mathbf{x})$ の和をとることで求まります．

$$P(m = \langle x, y \rangle | \mathbf{x}) = \sum_{\substack{\mathbf{y} \in \mathcal{Y}(\mathbf{x}) \\ \mathbf{y} \text{ は } m \text{ を通る}}} \frac{\exp(\mathbf{w} \cdot \phi(\mathbf{x}, \mathbf{y}))}{Z} \tag{5.44}$$

m を通る経路は，「文頭から m」と「m から文末」の二つの解集合の直積となります．つまり，周辺確率は α_m，β_m から式 (5.45) で計算できます．

$$P(m = \langle x, y \rangle | \mathbf{x}) = \frac{\alpha_m \cdot \beta_m}{Z} \tag{5.45}$$

式 (5.43) と式 (5.45) から，式 (5.42) の期待値は

$$\sum_{\mathbf{y}\in\mathcal{Y}(\mathbf{x})} \phi_e(x,y)P(\mathbf{y}|\mathbf{x}) = \sum_{m\in\mathcal{U}(\mathbf{x})} \phi_e(x,y)\frac{\alpha_m \cdot \beta_m}{Z} \quad (5.46)$$

となります．同様に，連接素性ベクトルの期待値も式 (5.47) で求まります．ただし，$(m',m) = (\langle x',y'\rangle, \langle x,y\rangle) \in \mathcal{B}(\mathbf{x})$ をラティス中のノードの連接の集合とします．

$$\sum_{\mathbf{y}\in\mathcal{Y}(\mathbf{x})} \phi_t(\mathbf{x},\mathbf{y})P(\mathbf{y}|\mathbf{x}) =$$

$$\sum_{(m',m)\in\mathcal{B}(\mathbf{x})} \phi_t(y',y)\frac{\alpha_{m'} \cdot \exp(score_t(m',m) + score_e(m)) \cdot \beta_m}{Z} \quad (5.47)$$

5.5.10 パーセプトロンと条件付き確率場の関係

条件付き確率場の目的関数をもう一度見てみましょう．

$$\begin{aligned}
l_{crf}(\mathbf{w},\mathbf{x},\mathbf{y}) &= -\log P(\mathbf{y}|\mathbf{x}) \\
&= -\mathbf{w}\cdot\phi(\mathbf{x},\mathbf{y}) + \log(Z) \\
&= \log\Big(\sum_{\mathbf{y}\in\mathcal{Y}(\mathbf{x})} \exp(\mathbf{w}\cdot\phi(\mathbf{x},\mathbf{y}))\Big) - \mathbf{w}\cdot\phi(\mathbf{x},\mathbf{y}) \quad (5.48)
\end{aligned}$$

ここで，$\mathbf{y}^* = \arg\max_{\mathbf{y}}(\mathbf{w}\cdot\phi(\mathbf{x},\mathbf{y}))$ について，$\mathbf{w}\cdot\phi(\mathbf{x},\mathbf{y}^*)$ の値が他の $\mathbf{y}$ と比較して極めて大きいとき，すなわち $\forall \mathbf{y} \in \mathcal{Y}(\mathbf{x})\backslash\{\mathbf{y}^*\}$ について，$\mathbf{w}\cdot\phi(\mathbf{x},\mathbf{y}^*) \gg \mathbf{w}\cdot\phi(\mathbf{x},\mathbf{y})$ が成り立つとき[94]，条件付き確率場の目的関数は

[94] $X\backslash Y$ は，集合 X から集合 Y を取り除いた差集合です．

$$\begin{aligned}
\log\Big(\sum_{\mathbf{y}\in\mathcal{Y}(\mathbf{x})} \exp(\mathbf{w}\cdot\phi(\mathbf{x},\mathbf{y}))\Big) &- \mathbf{w}\cdot\phi(\mathbf{x},\mathbf{y}) \\
&\simeq \log(\exp(\mathbf{w}\cdot\phi(\mathbf{x},\mathbf{y}^*))) - \mathbf{w}\cdot\phi(\mathbf{x},\mathbf{y}) \\
&= \mathbf{w}\cdot\phi(\mathbf{x},\mathbf{y}^*) - \mathbf{w}\cdot\phi(\mathbf{x},\mathbf{y}) \\
&= l_{pt}(\mathbf{w},\mathbf{x},\mathbf{y}) \quad (5.49)
\end{aligned}$$

のようにパーセプトロンの目的関数に近似できます．

この近似は，式の上では軽微なものに見えますが，実装は大きく異なります．パーセプトロンの目的関数は，最適解の導出 (arg max) にのみ依存しているのに対し，条件付き確率場の目的関数は，前向き後ろ向きアルゴリズムや logsumexp といった複雑なテクニックに依存しており，学習時の計算量も大きくなります．これらのテクニックは，式 (5.38) の計算に導入されたもので

あり，形態素解析そのものとの関連性が直感的に理解できません．注釈付きコーパスをできるだけ忠実に再現することがコスト推定の目標であるならば，パーセプトロンのほうがはるかに理解が容易です．実装の容易さ，学習の高速性といった利点が評価され，実応用では条件付き確率場よりもパーセプトロンや構造化サポートベクトルマシンを用いるほうが多くなってきています．

5.5.11 事前計算による高速化

構造学習では任意の個数の素性を同時に考慮できます．しかし，素性ベクトルの次元（素性の個数）が大きくなると内積の計算量が増えるため，解析速度が低下します．さらに，最小コスト法の形態素解析システムの多くは単一の生起コスト，連接コストを扱うように設計されており，複数の素性を同時に考慮するにはシステムの変更が必要になります．

この問題は，コスト値の事前計算により解決できます．具体的には，非ゼロとなる素性関数に対し，その素性関数に対応する重みの和を求め，単一の生起コスト，連接コストを事前に計算しておきます（式(5.50)）．内積の計算の一部を解析前に行うことから**事前計算**と呼ばれます．ただし，事前計算は各素性関数が $\{0,1\}$ を返す場合に限られます．

$$
\begin{aligned}
cost_e(x,y) &= -\gamma \cdot h_e(x,y) = -\gamma \cdot \left(\sum_{k:\phi_{e,k}(x,y)=1} w_{e,k} \right) \\
cost_t(y',y) &= -\gamma \cdot h_t(y',y) = -\gamma \cdot \left(\sum_{k:\phi_{t,k}(y',y)=1} w_{t,k} \right)
\end{aligned}
\quad (5.50)
$$

$\gamma \in \mathbb{R}^+$ は，コストを人間が扱いやすい整数の範囲に落とし込むための定数で，**コスト係数**と呼ばれます．MeCab のコスト値は 16 ビット符号付き整数で表現されており，$-32768 \sim 32767$ 範囲を取ります．コスト値がその範囲の整数に収まるよう，$\gamma = 700$ としています[95]．$cost_t(y',y)$, $cost_e(x,y)$ は，最小コスト法に基づく解析器のコスト値としてそのまま利用可能であり，解析速度の低下は生じません[96]．MeCab は事前計算を行うことで，精度を犠牲にすることなく速度向上に成功しています[97]．

事前計算は解析速度の向上には有効ですが，学習時は個々の重みを計算する必要があるため事前計算は適用できません．学習時には通常の内積計算，解析時には事前計算といったように処理を分割しなければならず，実装コストが増大します．MeCab では，それぞれに共通するアルゴリズムをクラスとしてくくり出し，C++のテンプレートを用いて学習時と解析時に異なるノー

---

[95] 設定（cost-factor パラメータ）により変更可能です．

[96] ただし，コストは負の値を取ります．コストを非負の実数に限定している場合は，システムの変更が必要です．

[97] MeCab の基となった論文 [27] では，任意値を返す素性関数を用いていましたが，高速化のため二値を返す素性関数のみで学習しています．

ドの構造体を同クラスに渡すことで実装コストを抑えています．

5.5.12 正則化

目的関数を最小化することで，学習データに対する精度は向上します．しかし，素性ベクトルの次元が大きいと学習データに特化しすぎた学習が行われ，未知データに対する性能が下がってしまうことがあります．このような状況を**過学習**といいます．過学習が起こった場合の重みベクトル $\mathbf{w}$ の値に着目すると，ある特定の事例を正しく解析するために重みの絶対値が極度に大きくなったり，最悪のケースでは無限大に発散することがあります．このような現象を防ぐには，$\mathbf{w}$ の重みの絶対値が極端に大きくならないような工夫が必要となります．このような工夫を一般に**正則化**と呼びます．

正則化には，いくつかの手法がありますが，ここでは，**平均化法**と**正則化項の追加**の二つの方法を紹介します．

平均化法とは，学習時に更新された重みベクトルの履歴を全てとっておいて，その平均を最終的な重みベクトルとする学習方法です．つまり，T 回の重みの更新が行われた後，最後の重み $\mathbf{w}^{T+1}$ を使うのではなく $T+1$ までの重みベクトルの平均を用います．

$$\mathbf{w} = \frac{\sum_{t=1}^{T} \mathbf{w}^{t+1}}{T} \tag{5.51}$$

パーセプトロンに対して平均化を行った手法を**平均化パーセプトロン**[24]と呼びます．通常のパーセプトロンは，現在の重みを更新するとき過去の分類がどうであったかを気にしません．平均化パーセプトロンは，各更新時での重みの平均を取るため，パラメータが特定の事例に影響されにくくなります．一般に，平均化パーセプトロンは，通常のパーセプトロンより性能がよくなることが報告されています．

正則化項の追加は，$\mathbf{w}$ のノルムに直接作用するペナルティ項（**正則化項**）$r(\mathbf{w})$ を加えます．正則化項を用いた場合の目的関数は以下のようになります．

$$L(\mathbf{w}, D) = \sum_{i=1}^{|D|} l(\mathbf{w}, \mathbf{x}_i, \mathbf{y}_i) + Cr(\mathbf{w}) \tag{5.52}$$

$C \in \mathbb{R}^+$ は，正則化の強さを決めるハイパーパラメータで適当な値を与えるものとします．事例単位の目的関数は，便宜的に $C = C/|D|$ と事例ごとのハイパーパラメータを計算していると考えてください．$r(\mathbf{w})$ の具体的な計算

アルゴリズム 4 L2 正則化付きの条件付きの確率的勾配降下法による学習

$\mathbf{w}^1 \leftarrow 0$
$t \leftarrow 1$
for $i = 1, 2, \ldots, |D|$ **do**
    $\mathbf{w}^{t+1} \leftarrow \mathbf{w}^t - \eta(\sum_{\mathbf{y} \in \mathcal{Y}(\mathbf{x}_i)} \phi(\mathbf{x}_i, \mathbf{y}) P(\mathbf{y}|\mathbf{x}_i) - \phi(\mathbf{x}_i, \mathbf{y}_i) + 2C\mathbf{w}^t)$
    $t \leftarrow t + 1$
end for

方法には，$\mathbf{w}$ の 2 次ノルムを用いる **L2 正則化**と，1 次ノルムを用いる **L1 正則化**があります．どちらも $\mathbf{w}$ のノルムに対して単調に大きくなります．

$$r(\mathbf{w}) = \begin{cases} \|\mathbf{w}\|_2^2 = \sum_i w_i^2 & \text{(L2 正則化)} \\ \|\mathbf{w}\|_1^1 = \sum_i |w_i| & \text{(L1 正則化)} \end{cases}$$

L2 正則化の場合，$\mathbf{w}$ が 0 付近の値では $r(\mathbf{w}) \approx 0$ となりますが，L1 正則化の場合は，なかなか 0 に近づきません．具体的には，$w = 0.1$ のとき $w^2 = 0.01$ となるのに対し，$|w| = 0.1$ のままです．つまり，正則化項の最小化に対し，L1 正則化のほうが重みを 0 にする作用が強く働きます．このように，大部分の重みが 0 になるような解を**疎な解**と呼びます．L1 正則化は疎な解を得やすく，「不要な重みを削りたい」という目的で使われます．疎な解は，非ゼロの重みのみを保存すればよいことからメモリ効率が改善されます．ただし，最小コスト法では，重みベクトルを直接使わず事前計算により単一の生起コストと連接コストに縮退するためメモリ効率の利点はありません．

重みの学習は，$r(\mathbf{w})$ の勾配も含めて全体の勾配を計算します．L2 正則化の場合，正則化項の勾配は $\nabla C\|\mathbf{w}\|_2^2 = 2C\mathbf{w}$ となります．勾配が求まれば，確率的最急降下法に勾配を代入することで学習アルゴリズムが完成します．**アルゴリズム 4** に，確率的勾配降下法を用いた L2 正則化付き条件付き確率場の学習アルゴリズムを示します．各イテレーションにおいて $2C\mathbf{w}$ が重み $\mathbf{w}$ から引かれています．これにより，重みベクトルのノルムが大きくなることが低減されます．

L1 ノルムの正則化は，$w = 0$ となる点で微分不可能なため，劣勾配を用います．劣勾配には複数の候補がありますが，扱いの容易な 0 ベクトルを用いると，勾配は $\nabla C\|w\|_1^1 = C(\text{sign}(w_1), \text{sign}(w_2), \ldots, \text{sign}(w_N))$ となります[98]．ただし，この手法は動作はするものの，重みを 0 に固定するという処理が入っていないため，L1 正則化の利点である疎な解が求まりません．疎な解を求め

---

[98] $\text{sign}(x)$ は，$\text{sign}(x) = \begin{cases} +1 : (x > 0) \\ 0 : (x = 0) \\ -1 : (x < 0) \end{cases}$ で定義される符号関数です．

> **コラム：最大エントロピー法**
>
> **最大エントロピー法**[29]は，初期の統計的自然言語処理によく用いられた機械学習手法です．最大エントロピー法は，対数線形モデルと等価であることが知られています．条件付き確率場も対数線形モデルの一種であるため，最大エントロピー法と条件付き確率場は，単語列の出力に特化しているかどうかの違いだけで，本質的には同一です．最大エントロピー法では，素性の観測期待値とモデルの確率分布による期待値が同じになる制約下で，確率分布のエントロピーが最大になるように重みベクトルを求めます．観測期待値は $\phi(\mathbf{x},\mathbf{y})$，モデルによる期待値は $\sum_{\mathbf{y}} P(\mathbf{y}|\mathbf{x})\phi(\mathbf{x},\mathbf{y})$ と書けるため，これらが同値となることは，条件付き確率場の勾配（式 (5.38)）をゼロとすること，すなわち尤度を最大にすることと等価です．これら二つのアルゴリズムは双対関係にあり，結果は同一になりますが，その導出までの考え方が異なります．機械学習が導入された当初は，最大エントロピー法，サポートベクトルマシン，条件付き確率場といった学習アルゴリズムが独立に提案されていました．現在は，これらを目的関数や正則化の違いとして統一的に扱うことが一般的です．個々のアルゴリズムの類似点や相違点が明確になり，コードの共通化に役立ちます．

るには FOBOS [28] 等のオンライン学習アルゴリズムを用いる必要があります．詳細は文献 [18, 28] に譲ります．

5.6 選択的トライグラム

最小コスト法では，単語境界や品詞は直前もしくは直後の形態素の局所的な依存性で決まると仮定しています．多くの場合この仮定で正しく解析できますが，より長距離の依存性が必要な事例も存在します．例えば，IPA 品詞体系では，語「で」が，場所を表す助詞「で」なのか，断定の助動詞「だ」の連用形「で」なのか，局所的な情報だけでは判断できません．以下に具体例を示します．

1. 京都では観光しました．

2. 京都ではない．

1. の「で」は助詞，2. の「で」は断定の助動詞です．この二つの品詞を決定するのは，「は」に後続する，単語「観光」「ない」の品詞（名詞/形容詞）です．このような事例を正しく解析するには，連続する3つ以上の形態素の並びを考慮できるよう，連接コストを拡張する必要があります[99]．一般に，3形態素の並びを考慮するモデルを**トライグラムモデル**，n形態素の並びを考慮するモデルを**nグラムモデル**と呼びます．トライグラム以上のモデルを用いることで，より複雑な言語現象を捉えることができますが，考慮すべき連接コストの数がnに対して指数的に増えていきます．また，ビタビアルゴリズムの際に，n個の形態素の並びの候補を全展開して最適解を選択するためn重ループが必要になり，解析速度の低下が避けられません．

実際にトライグラムが必要になる事例は限定的であるため，特定の事例にのみ選択的にトライグラムを適用する**選択的トライグラム** [23,30] を用いることが一般的です．同手法は，ChaSen で実装されています．選択的トライグラムでは，連接コストが拡張され，事前に決められた条件にマッチするときのみ二つ前の形態素を考慮に入れてコストを計算します．上記の例では，直前の形態素の品詞が，助詞「は」のときに限り二つ前の形態素を考慮します．選択的トライグラムにより解析精度が向上しますが，連接表やビタビアルゴリズムの実装が複雑になる問題があります．MeCab は，実装の複雑性を避けるため，選択的トライグラムを採用していません．

5.7 連語登録

最小コスト法でモデル化できない現象を限定的に修正する強力な手法に**連語登録** [31] があります．連語登録では，本来は複数の形態素として解析される単位を一つの形態素とみなした**連語**を辞書に登録します．解析は連語単位で行われますが，解析後に構成語にばらして出力します．

一般に，形態素解析の誤りの多くは，付属語の連続部分で発生します．これらの付属語の連続を連語として辞書に登録しておくことで，少なくとも連語内の形態素は正しく解析されます．ただし，連語登録は，その登録が他の解析の副作用にならないよう，連語が出現する文脈とはある程度独立して判断できるものに限ります．一般に，連語の長さに比例して文脈への依存性が小

---

[99] 一般に，この「で」の判定は極めて困難です．「生まれは京都で音楽を習っていた．」「京都で音楽の演奏をした．」の二つの「で」は異なる品詞ですが，3つの形態素の並びを見ても判定できません．

図 5.13 付属語列「とはいえ」の連語登録

さくなるため，連語は自然と長い単位になります．図 5.13 に，付属語列「とはいえ」を連語登録する例を示します．

ある連語 M が，$m_1, m_2, \ldots, m_{|M|}$ の形態素から構成されるとき，M の生起コストは式 (5.53) のように構成語の生起，連接コスト値から計算します．

$$cost_e(M) = \alpha \cdot \Big(\sum_{i=1}^{|M|} cost_e(m_i) + \sum_{i=1}^{|M|-1} cost_t(m_i, m_{i+1}) \Big) \quad (5.53)$$

ただし，α $(0 < \alpha < 1)$ は，連語が選ばれやすくするための係数で事前に決めておきます．連接コストは，式 (5.54) のように，M の出現位置に応じて，最左 m_1，あるいは最右 $m_{|M|}$ の形態素を用いて計算します．連語は，拡張隠れマルコフモデルで導入された文脈ごとのグルーピングと同様に，左から見るときは最左 m_1 の形態素，右から見るときは最右 $m_{|M|}$ の形態素と同じ振る舞いをするとみなします．

$$cost_t(M, m') = cost_t(m_{|M|}, m')$$
$$cost_t(m', M) = cost_t(m', m_1) \quad (5.54)$$

図 5.14 に JUMAN における連語登録の例を示します．付属語列「とはいえ」を連語として登録し，その生起コストを 0.9 倍することで選ばれやすくしています．

連語は，長い固有名詞とその構成語を辞書を切り替えることなく同時に出力する機能に利用できます．形態素解析システム Sudachi は，長い単位の形態素（主に NEologd による固有名詞）を連語登録し，その構成語に短い単位による分割を定義しています．解析は長い単位で行われ，解析時にユーザが指定したタイプの細分割候補にばらして出力することで，複数の分割単位を

```
(連語
 ((助詞 (格助詞 ((読み と)(見出し語 と)(意味情報 "連語"))))
  (助詞 (副助詞 ((読み は)(見出し語 は)(意味情報 "連語"))))
  (動詞 ((読み いう)(見出し語 いう)(活用型 子音動詞ワ行)(活用形 命令形)
         (意味情報 "連語"))))
 ) 0.9)
```

図 5.14 付属語列「とはいえ」の JUMAN における連語登録

図 5.15 連語登録による選択的トライグラムの近似

実現しています．

さらに，連語に対して新しい品詞（内部状態）を割り当てることで，長距離の依存性を扱えるモデルが擬似的に実現できます．図 5.15 に，前節で述べた語「で」の曖昧性解消を連語登録で行う例を示します．この図では，連語「で+は」に対し，二つの品詞を結合した品詞（「助詞+助詞」と「助動詞+助詞」）を割り当てています．直前の品詞に二つ前の品詞の情報が埋め込まれているため，間接的に二つ前の品詞を考慮することができます．事前に品詞を結合したり，解析後に結合された品詞をばらす手間が増えますが，最小コスト法のモデル構造を変更する必要がなく，選択的トライグラムに比べ実装が簡単になります[100][101]．

5.8　高速化のための工夫

ここで，主に MeCab で用いられている高速化のための工夫を紹介します．

[100] ただし，結合した品詞だけ状態数が増えるため，厳密にはトライグラムとモデルの構造が異なります．

[101] 3 形態素「で+は+ない」を連語として登録する修正方法も考えられます．

5.8.1 ゼロコピー

文字列のコピーは比較的重い処理であり，文字列コピーを減らすことで形態素解析の処理速度が向上します．MeCab では，見出し語，素性（品詞，活用）といった多くの字列情報を扱いますが，それらは，入力文，あるいはメモリマップトファイルで読み込まれた辞書メモリイメージへのポインタ（アドレス）として管理しています．冗長なコピーを一切行わないため，**ゼロコピー**と呼ばれます．

実際の解析において，ラティス中に作られるノード数は，数百から数千にもなります．これらのノードが，見出し語や素性文字列を独立した文字列として保持すると，膨大な文字列コピーが発生し，処理速度が低下します．実際の解析では，ビタビ経路上にある素性文字列のみが結果として返され，それ以外のほとんどの素性文字列は参照されません．素性文字列の実態を持たずアドレス（ポインタ）のみを保存することで，実際に参照されるときになってはじめて該当の素性文字列へのアクセスが発生するようになり，解析速度が向上します．

図 5.16 に，MeCab の辞書の内部構造とノード構造体を示します．辞書（sys.dic ファイル）は，ヘッダ，ダブル配列トライ，トークン列，素性文字列の 4 つのセクションで構成され，メモリマップトファイルを用いて連続したメモリイメージとして読み込まれます．ダブル配列の値は 32 ビットの整数値であり，上位 24 ビットにトークン列へのアドレス，下位 8 ビットに同一見出し語を持つトークン数を保存しています[102]．トークンは，16 バイト固定長のレコードであり，右文脈 ID，左文脈 ID，生起コスト等の解析に必要な情報が保存されています．品詞，活用形，読み等を表す素性文字列は，\0 で結合されたベタ文字列として素性文字列セクションに保存されています．トークンは対応する素性文字列へのアドレスを保持しています．

解析時に用いられるノード構造体は，トークン，素性文字列の実態を持たず，それらのアドレスのみを保持しています．見出し語も，入力文に対する開始位置と文字列長の二つの変数で管理しています．MeCab は，このように，解析に必要な情報をほとんどコピーしません．この設計が解析速度の高速化に貢献しています．

5.8.2 メモリプールによるノードの管理

図 5.2 のコードでは，ノード構造体をヒープ領域から new オペレータを

[102] MeCab のシステム辞書が扱える最大単語数は 16777215，同一見出し語に与えられる異なり形態素数は 255 となります．これを超える場合は，ユーザ辞書を用います．

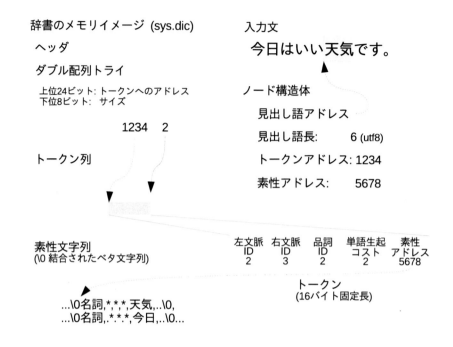

図 5.16 MeCab の辞書・ノード構造

使って確保しています．一般に，new/delete といった動的なメモリ確保は，確保と解放のオーバーヘッドが大きく，ノード等の小さな領域を大量に確保，解放を繰り返すことでメモリの断片化が生じる問題があります．

実際の解析では，ある程度の個数のノードが確保されることがわかっているため，まとまった数のノードを事前に確保しておくことで，メモリ確保のオーバーヘッドを減らすことができます．また，いったん確保されたノードを解放せず，プログラムが終了するまで再利用することで，メモリの断片化を防ぐことができます．

MeCab では，図 5.17 に示すような，簡易メモリプールを用いてノードの確保，解放を行っています．メモリプールは，概念的に 2 次元配列 pool_[li_][pi_] として実装されます．最初の添字 (li_) は，メモリブロックの添字であり，ノードは連続した size_ 個まとめて確保します．size_ は，コンストラクタで指定します．二番目の添字 (pi_) は，現在のブロック pool_[li_] 中にある有効なノードを指しています．新しいノードが要求されると，pool_[li_][pi_] にあるノードを返し，pi_ を 1 増やします．現在のブロックを使い果たすと，li_ を 1 増やして次のブロックに移動します．現在のブロックが最後のブロックであれ

```cpp
template <class T> class MemoryPool {
 public:
  explicit MemoryPool(size_t size) : pi_(0), li_(0), size_(size) {}

  // デストラクタで全ての要素を解放
  virtual ~MemoryPool() {
    for (size_t i = 0; i < pool_.size(); ++i) {
      delete [] pool_[i];
    }
  }

  // 一つのオブジェクトを確保
  T* New() {
    // 最後の要素のときは次のブロックへ
    if (pi_ > size_) {
      ++li_;
      pi_ = 0;
    }
    // 最後のブロックのときは新しいブロックを確保
    if (li_ == pool_.size()) {
      pool_.empalce_back(new T[size_]);
    }
    T* r = pool_[li_] + pi_;
    ++pi_;
    return r;
  }

  // 実際には解放せず，再利用
  void Free() {   li_ = 0;   pi_ = 0; }

 private:
  std::vector<T *> pool_;
  size_t pi_;      // ブロック中の次の未使用領域のインデックス
  size_t li_;      // 現在のブロックインデックス
  size_t size_;    // ブロックのサイズ
};

// 実際の仕様例
MemoryPool<Node>(512) allocator;

// Node の確保
Node *node = allocator.New();

// 実際には解放されず，再利用される
allocator.Free();
```

図 **5.17** メモリプールの実装

ば，新しいブロックを確保し，pool_ に追加します．Free メソッドは，pool_ の中身を解放せずに，li_, pi_ を 0 に初期化することで，メモリブロックを再利用します．

size_ は，メモリ確保と未使用領域のバランスを決定します．大きくすると，メモリ確保の頻度が減りますが，無駄な領域が増えてしまいます．実際には，解析対象の文長によって決まり，MeCab では，512 としています．

5.8.3 連接表の実装

連接表は，通常，二次元配列 matrix$[M][N]$ として実装します．これらの添字 M, N の定義によって参照速度が変わることがあります．C/C++言語の配列 matrix$[M][N]$ は，配列 matrix$[N]$ の配列として実装されています[103]．このことから，matrix$[M][N]$ の要素を二重ループ中で参照する際に，外側のループの添字を M，内側のループの添字を N とすることで，メモリアクセスが局所化され，配列要素へのアクセスが高速化されることが知られています．

図 5.6 で示したビタビアルゴリズムの探索には，各位置 i ごとに二重ループがあり，外側が i で開始するノード，内側が i で終了するノードを参照しています．すなわち，連接表は，matrix[開始ノードの左文脈 ID][終了ノードの右文脈 ID] のように定義する必要があります．ノードの出現順序と添字が逆になることに注意してください．

[103) Fortran は逆になっています．

5.9 まとめ

最小コスト法は，全解候補をコンパクトに表現したラティスと呼ばれる構造を構築し，ラティス上の最短経路問題として形態素解析を行う手法です．最小コスト法は形態素解析の標準的な手法であり，JUMAN, ChaSen, MeCab, Sudachi で採用されています．

最小コスト法の工学的な利点は，具体的なコストの算出法がモデルと独立して設計できるところにあります．初期の最小コスト法は，コストを人手で定義していました．その後，隠れマルコフモデル，条件付き確率場，構造学習といった主に機械学習の分野で提案された手法を自動コスト推定に応用することで解析精度が格段に向上しました．これらは，最小コスト法という意味では同一であり，コストの推定法が変わっただけです．最小コスト法は，時

代ごとの最新手法を取り入れる懐の深さと柔軟性を持っています．いざとなれば人手でコストをチューニングできたり，連語登録により特定の解析誤りを修正できることも実応用では利点になります．シンプルなアルゴリズム，コスト推定法の柔軟性，人手処理との相性の良さが，これほど長きにわたり研究，応用を問わず広く使われている要因だと考えられます．

第6章

点予測

本章では，最小コスト法とならぶ単語分割，品詞推定の代表的手法である点予測を解説します．点予測は，各単語境界を二値分類器の逐次適用で認定します．実装が容易であり，部分的に単語境界が与えられた部分注釈済みコーパスから学習が可能です．点予測に基づく代表的な単語分割システムに KyTea があります[104]．

6.1 点予測による単語分割

点予測 [16,32] に基づく単語分割システムは，文字列 $\mathbf{x} = (c_1, c_2, \ldots, c_{|\mathbf{x}|})$ を入力とし（ただし c_k は Unicode 1 文字），単語境界タグ $\mathbf{y} = (y_1, y_2, \ldots, y_{|\mathbf{x}|-1})$ を出力とします．単語境界タグ y_i が取りうる値は，c_i と c_{i+1} の間に単語境界が「ある」か「ない」かの 2 種類となります．後述する線形分類器との親和性から，単語境界があるとき $y_i = +1$，ないときを $y_i = -1$ とします（$y_i \in \{-1, +1\}$）．図 6.1 に点予測における入出力の例を示します．

単語境界タグ y_i は，c_i とその周辺の文字，文字種，およびそれらの n-gram から予測します．各単語境界点を予測する際に，他の境界情報は一切参照しません．それぞれ独立に予測することが点予測の名前の由来です．各 y_i の

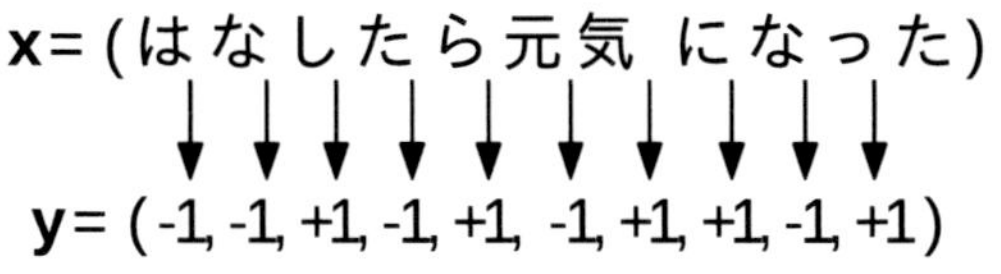

[104] 点予測は，統計分野で用いられる点推定と混同されることがありますが，全く異なる用語です．点予測は，各単語の境界をその境界（点）ごとに予測する手法であり，点推定は，何らかの統計量を用いて，ある母数を一つの数値で推定する手法のことを指します．

$\mathbf{x} = ($ は な し た ら 元 気 に な っ た $)$

$\mathbf{y} = ($ -1, -1, +1, -1, +1, -1, +1, +1, -1, +1 $)$

図 **6.1** 点予測の入出力

予測は，単純な二値分類問題として定式化できます．二値分類器であればどのようなアルゴリズムでも適用可能ですが，実応用では，モデルの単純さと実装の容易さから線形分類器を用いることが一般的です．点予測に基づく代表的な単語分割システム KyTea は，線形サポートベクトルマシンとロジスティック回帰を分類器として採用しています．

線形分類器を用いた場合，単語境界の有無は素性の重み付き線形和によって決定されます．

$$y_i = \text{sign}(\mathbf{w} \cdot \phi(\mathbf{x}, i) + b) \tag{6.1}$$

$$= \text{sign}(\sum_{k=1}^{N} w_k \cdot \phi_k(\mathbf{x}, i) + b) \tag{6.2}$$

$\phi(\mathbf{x}, i) \in \mathbb{R}^N$ は c_i, c_{i+1} の境界にある言語的特徴を取り出した素性ベクトル，$\mathbf{w} \in \mathbb{R}^N$ は重みベクトル，$b \in \mathbb{R}$ はバイアス項です．$\text{sign}(x)$ は符号関数ですが，関数の値域が $\{-1, 1\}$ となるため，便宜的に $x = 0$ のときは，1 を返すものとします．素性として入力 $\mathbf{x}$ 中にある任意の情報を使えますが，やみくもに広範囲の情報を取り入れると解析速度の低下をもたらします．y_i を決める要因は，c_i 付近の字面情報だけで十分であることから，通常は以下の局所的な素性を用います．

1. **文字 n-gram**:

    識別する単語境界タグ y_i の周辺文字 n-gram を素性として用います．窓幅 m を事前に決定し，部分文字列 $c_{i-m+1}, \ldots, c_i, c_{i+1}, \ldots, c_{i+m}$ から特徴を取り出します[105]．KyTea では，$m = 3$ をデフォルト値としています．n-gram 素性は，式 (6.3)，式 (6.4) のような素性関数として定義できます．一つの素性関数が一つの文字 n-gram に対応するため，素性関数の種類は膨大になりますが，一つの単語境界の予測に用いられる素性は，高々数個〜数十個しかありません．文字 n-gram 素性は，n-gram が出現する相対位置に応じて個別の素性関数を用意することに注意が必要です．素性 ϕ_{12} は，「今日」の開始位置が単語境界候補となるのに対し，ϕ_{45} は，「今」と「日」の間が単語境界候補となります．このように出現位置を区別することで，ある特定の n-gram が単語の先頭になりやすいか，末尾になりやすいか，単語の一部になりやすいかを捉えることができます．

[105] $i \leq 1$ のときは，前方の部分文字列が，$i > |\mathbf{x}| - m$ のときは後方の部分文字列が抽出できません．一般には文の前後に m 個のダミー文字を追加することで任意の位置で窓幅 m の部分文字列が抽出できるようにします．

$$\phi_{12}(\mathbf{x},i) = \begin{cases} 1 & (c_{i+1}, c_{i+2}) = 今日 \\ 0 & それ以外 \end{cases} \quad (6.3)$$

$$\phi_{45}(\mathbf{x},i) = \begin{cases} 1 & (c_i, c_{i+1}) = 今日 \\ 0 & それ以外 \end{cases} \quad (6.4)$$

2. **文字種 n-gram**:

$c_{i-m+1}, \ldots, c_i, c_{i+1}, \ldots, c_{i+m}$ の文字種(漢字,ひらがな,カタカナ,英数字,記号 等)を単位とした n-gram を素性とします.KyTea では,漢字,ひらがな,カタカナ,ローマ字,数字,その他の 6 種類を用いています.

3. **辞書素性**

y_i に対応する位置が辞書中にある単語の開始位置になっているか,終了位置になっているか,境界自体が単語に含まれるかを素性として利用します.それぞれの素性は単語の長さによって区別したり,単語の見出し語情報を含めることも可能です.辞書素性は,式 (6.5),式 (6.6),式 (6.7) のような素性関数として定義できます.素性 ϕ_{67} は 2 文字の単語が開始位置に出現するか,素性 ϕ_{89} は単語境界が 3 文字の単語に含まれるか,素性 ϕ_{112} は見出し語「今日」が開始位置に出現するかを特徴付けます.KyTea では,1 文字から 4 文字までの長さを区別し,式 (6.7) のような見出し語は用いていません.

$$\phi_{67}(\mathbf{x},i) = \begin{cases} 1 & 文字列\ c_{i+1}, c_{i+2}\ が辞書に存在する \\ 0 & それ以外 \end{cases} \quad (6.5)$$

$$\phi_{89}(\mathbf{x},i) = \begin{cases} 1 & 文字列\ c_i, c_{i+1}, c_{i+2}\ が辞書に存在する \\ 0 & それ以外 \end{cases} \quad (6.6)$$

$$\phi_{112}(\mathbf{x},i) = \begin{cases} 1 & 文字列\ c_{i+1}, c_{i+2}\ が「今日」であり,辞書に存在する \\ 0 & それ以外 \end{cases} \quad (6.7)$$

点予測法は,機械学習時代の単語分割手法だといえます.最小コスト法では,辞書が解空間を決める重要な言語資源であり,辞書なしでは解析が行えません.点予測では,辞書は機械学習の素性の一つにすぎず,必須の資源で

はありません．しかし，機械学習を全面的に用いるため人手によるチューニングや制御が困難です．最小コスト法のパラメータ（生起コストおよび連接コスト）は人手でチューニングが可能でしたが，単語境界の有無を決める重みを人手で設定することはほぼ不可能で，機械学習に任せるほかありません．

6.2 点予測による品詞推定

　最小コスト法では，単語分割と品詞推定は同時に行われていました．点予測では，品詞推定は単語分割の後に独立に行われます．品詞推定も単語分割と同じように周辺の単語分割，品詞情報を用いず各単語ごとに独立に行います．具体的には，品詞を推定する単語 w とその前後の長さ m の部分文字列や文字種情報を入力に対し，単語 w の品詞を多値分類器で同定します．w 以外の単語境界情報および品詞情報は一切参照しません．

　多値分類の適用には，各単語について独立に分類器を学習する方法と全単語に対して一つの分類器を学習する方法があります．単語辞書が利用可能な場合，すなわち単語が取りうる品詞候補が事前にわかっている場合は，それらを制約として用います．全単語に対して一つの分類器を学習するときは，分類器の推定結果を辞書を用いてフィルタリングします．単語ごとに分類器を用いる場合は，以下のように学習データ中の単語 w の有無で処理を分けます．

- 学習コーパス中の単語 w の品詞が複数出現する場合は，分類器で推定する
- 学習コーパス中の単語 w の品詞が1種類しかない場合は，その品詞を採用する
- 学習コーパスには存在しないが，辞書に出現する単語は，その単語のデフォルトの品詞を採用する
- 学習コーパスにも辞書にも存在しない単語には，デフォルトの品詞（例えば名詞）を割り当てる

　これらの処理は，品詞の曖昧性解消処理を機械学習に置き換えただけで，最小コスト法に基づく品詞推定法と変わりありません．

6.3 点予測の特徴

以下に点予測の特徴を最小コスト法と比較しながらまとめます．

6.3.1 実装の容易さと頑健性

点予測の学習，予測，実装は，最小コスト法に比べれば格段に容易であり，採用する上での大きな利点です．各単語境界を独立に決定するため，動的計画法や前向き後ろ向きアルゴリズムといった複雑な手法は必要ありません．また，辞書は点予測に必須ではなく，辞書なしでも学習，解析が行えます．部分文字列や文字種情報を用いて柔軟に単語境界を予測することで，新語，スラング，専門用語等の辞書にない単語の解析精度が向上することが知られています．

6.3.2 不完全な入力からの解析

点予測は，不完全な入力からの解析が可能です．応用によっては，前段の処理の関係上，完全な入力文を用意することができず，途中までしか文が与えられないことがあります．点予測では，前段の結果を待たずして，現在利用可能な不完全な文から解析を開始することが可能です．一方，最小コスト法では，入力文全体が得られない限りラティスが構築できないため，不完全な入力からの解析は困難です．

6.3.3 言語資源の有効活用

点予測は，単語境界や，品詞を予測する際に周辺の単語境界，品詞情報を用いません．単語境界はそれぞれ依存しているため，直感的には周辺の単語境界を用いたほうが精度が高くなると考えられます．例えば，入力文「くるまで待つ」は，「くるま (車) で待つ」か「くる (来る) まで待つ」の単語境界が曖昧であり，そこさえわかれば他の単語境界は連鎖的に求まります．しかし，周辺の単語境界は予測値しか利用できないため，予測がはずれると誤りの連鎖により全体の解析に失敗します．つまり，周辺の単語境界を使うかどうかは利点と欠点があり，一概にどちらがよいかはいえません．

一方で，周辺情報を参照しないことで，さまざまな実用上の利点がもたらされます．実装の容易さはもちろん，通常の注釈済みコーパスだけでなく部

分的に単語境界がわかっている部分注釈済みコーパスや単語リストといったさまざまな言語資源からモデルの学習が可能となります．点予測は，周辺単語境界，品詞情報のトレードオフを念頭に置きつつ，それらを参照しないことから生まれる実用上の利点にフォーカスした手法といえます．

6.3.4 単語長による影響

　点予測は，異なる長さの単語を同時に考慮することが一般に困難です．例として「奈良先端科学技術大学院大学」という固有名詞を考えてみましょう．この長い固有名詞を1単語として認識したい場合，その中に出現する単語（「奈良」「先端」「科学」「技術」「大学」）の前後には単語境界を置いてはいけません．一方，「技術大学」単独の出現は固有名詞ではないため，「技術」「大学」の間に単語境界を置きます．この例のように，ある単語が長い複合語の一部なのかどうかを識別するには，3文字程度の短い文字 n-gram だけでは情報が不足しています．これらの現象を正しく認識するには，辞書素性，すなわち「奈良先端科学技術大学院大学」が1単語なのかを知ることが重要であり，辞書を用いる最小コスト法に対する利点が小さくなります．

6.3.5 辞書の役割

　点予測では，辞書は機械学習の素性の一部として用いられます．辞書を活用するという意味では最小コスト法と点予測は共通していますが，使われ方や使われる情報が異なります．

　最小コスト法では，辞書は解析結果候補を列挙するための言語資源として用いられます．辞書に単語を追加するだけである程度の解析誤りが修正可能です．一方，点予測における辞書は，機械学習の素性の一部にすぎません．辞書に単語を追加したからといって解析誤りが修正される保証はありません．さらに，機械学習における素性としての役割も異なります．図 6.2 に最小コスト法と点予測での単語素性の役割の違いを示します．最小コスト法では，正解の単語集合「東京」「都」と不正解の単語集合「東」「京」「京都」が正例，負例として区別されます．一方，点予測では，正解の単語列に含まれない単語「東」「京」「京都」が正例に含まれています．これらの単語は，開始（終了）位置のみを考慮すれば正しい位置に存在します．つまり，最小コスト法は，学習データに出現した単語の開始位置と終了位置を同時に考慮して学習が行えますが，点予測は，それらを同時に考慮できません．このことは長い

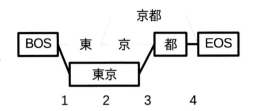

最小コスト法: 正例 = { 東京, 都 }　　　負例 = { 東, 京, 京都 }

点予測:　　正例(1) = { 東, 東京 }　　　負例(1) = {}
　　　　　正例(2) = { 東京 }　　　　　負例(2) = { 東, 京, 京都 }
　　　　　正例(3) = { 東京, 京, 都 }　　負例(3) = { 京都 }
　　　　　正例(4) = { 京都, 都 }　　　　負例(4) = {}

図 6.2　最小コスト法と点予測の単語素性の役割の違い

固有名詞や共通の接頭辞や接尾辞が多く含まれる品詞体系，辞書で問題になります．また，KyTea のように単語の長さのみを用いるシステムでは，共通接頭辞，接尾辞が多くなるほど 1〜4 文字のほとんどの辞書素性が非ゼロの値を返すようになり識別そのものが困難になります．点予測は，単語長が短く，語の一貫性が担保されている品詞体系（例：UniDic）では有効ですが，単語長が長く，固有名詞を多く含む体系では注意が必要です．

6.3.6　分割の一貫性

点予測は，文字 n-gram といった字面情報を積極的に用いて単語境界を決定します．例外的な事象を捉えられる利点がありますが，たまたま出現した字面情報に過学習しやすく，ノイズ等の影響で同じ単語が文脈に応じて異なる分割結果になることがあります．このような現象を**一貫性のない分割**と言います．詳細は 8.4 節にて述べます．

6.4　構造学習による点予測の学習

点予測では，二値分類器を用いて各単語境界タグを独立に学習，予測します．ここでは趣を変えて構造学習として点予測を定式化し，構造化パーセプトロンを用いて重みベクトルを学習することを考えます．構造学習として定

式化することで，最小コスト法と点予測を統一的に扱えるばかりでなく，正則化等の機械学習分野のさまざまな手法を取り入れることが可能となります。

式 (6.2) ではバイアス項 b を考えていましたが，常に 1 を返す恒等素性関数 $\phi_0(\mathbf{x}, i) = 1$ に対する重み $w_0 = b$ を導入することでバイアス項も $\mathbf{w}$ の中に収めることができます[106]。ただし，バイアス項に関しては正則化を行わず自由に値が更新できるようにします。

[106] $\mathbf{w}$ は高次元であり，バイアス項の相対的な貢献度は低くなるため，バイアス項を $\mathbf{w}$ に含めても十分正確な解析結果が得られます。

$$
\begin{aligned}
y_i &= \text{sign}(\mathbf{w} \cdot \phi(\mathbf{x}, i)) \\
&= \text{sign}(w_0 \phi_0(\mathbf{x}, i) + \sum_{k=1}^{n} w_k \phi_k(\mathbf{x}, i)) \\
&= \text{sign}(b + \sum_{k=1}^{n} w_k \phi_k(\mathbf{x}, i)) \quad (6.8)
\end{aligned}
$$

構造学習では，入出力のペア (**x**,**y**) に対応するスコア $h(\mathbf{x}, \mathbf{y})$ を考えます。点予測の場合，入力 $\mathbf{x} = (c_1, c_2, \ldots, c_{|\mathbf{x}|})$ は Unicode 文字列，出力 $\mathbf{y} = (y_1, y_2, \ldots, y_{|\mathbf{x}|-1}) \in \{-1, +1\}^{|\mathbf{x}|-1}$ は対応する単語境界タグ列となります。スコア $h(\mathbf{x}, \mathbf{y})$ は，式 (6.9) のように，各単語境界タグにおけるスコア $y_i \cdot \mathbf{w} \cdot \phi(\mathbf{x}, i)$ の和とします[107]。

[107] 部分注釈済みコーパスから学習する際は，注釈がある境界のみの和を取ります。

$$
h(\mathbf{x}, \mathbf{y}) = \sum_{i=1}^{|\mathbf{x}|-1} y_i \cdot \mathbf{w} \cdot \phi(\mathbf{x}, i) \quad (6.9)
$$

ここで，$y_i \cdot \mathbf{w} \cdot \phi(\mathbf{x}, i)$ $(y_i \in \{-1, +1\})$ は，$y_i = \text{sign}(\mathbf{w} \cdot \phi(\mathbf{x}, i))$ のときに最大になることに注意してください。また，文全体の大域素性ベクトル $\phi(\mathbf{x}, \mathbf{y})$ を $\phi(\mathbf{x}, \mathbf{y}) = \sum_{i=1}^{|\mathbf{x}|-1} y_i \cdot \phi(\mathbf{x}, i)$ とおけば，スコア $h(\mathbf{x}, \mathbf{y})$ は，式 (6.10) のように重みベクトル $\mathbf{w}$ と大域素性ベクトルの内積となり，構造学習の適用が可能です。

$$
h(\mathbf{x}, \mathbf{y}) = \mathbf{w} \cdot \phi(\mathbf{x}, \mathbf{y}) \quad (6.10)
$$

解析単語境界タグ列 $\mathbf{y}^* = (y_1^*, y_2^*, \ldots, y_{|\mathbf{x}|-1}^*) \in \{-1, +1\}^{|\mathbf{x}|-1}$ は，$h(\mathbf{x}, \mathbf{y})$ を最大化する $\mathbf{y}^*$ を探索することで求まります。

$$
\begin{aligned}
\mathbf{y}^* &= \underset{\mathbf{y} \in \{-1,+1\}^{|\mathbf{x}|-1}}{\arg\max} h(\mathbf{x}, \mathbf{y}) \\
&= \underset{\mathbf{y} \in \{-1,+1\}^{|\mathbf{x}|-1}}{\arg\max} \sum_{i=1}^{|\mathbf{x}|-1} y_i \cdot \mathbf{w} \cdot \phi(\mathbf{x}, i) \\
&= \{\text{sign}(\mathbf{w} \cdot \phi(\mathbf{x}, 1)), \ldots, \text{sign}(\mathbf{w} \cdot \phi(\mathbf{x}, |\mathbf{x}|-1))\} \quad (6.11)
\end{aligned}
$$

アルゴリズム 5 点予測の確率的勾配降下法による最適化（正則化は省略）

$\mathbf{w}^1 \leftarrow 0$ ▷ 重みベクトルの初期化
$t \leftarrow 1$
for $i = 1, 2, \ldots, m$ **do** ▷ 各事例ごとに重みを更新
    $\mathbf{y}^* = \arg\max_{\mathbf{y}} \sum_{j=1}^{|\mathbf{x}|-1} y_j \cdot \mathbf{w} \cdot \phi(\mathbf{x}_i, j)$ ▷ 各位置で独立に境界タグを導出
    if $\sum_{j=1}^{|\mathbf{x}|-1} (y_j^* - y_j) \cdot \mathbf{w} \cdot \phi(\mathbf{x}, j) \geq 0$ **then**
        $\mathbf{w}^{t+1} \leftarrow \mathbf{w}^t - \eta \sum_{j=1}^{|\mathbf{x}|-1} (y_j^* - y_j) \cdot \phi(\mathbf{x}_i, j)$
    end if
    $t \leftarrow t + 1$
end for

式 (6.11) から，式 (6.8) を用いて各位置ごとに独立に予測することが文全体のスコア $h(\mathbf{x}, \mathbf{y})$ を最大化することと等価であることが示せました．

点予測におけるパーセプトロン基準に基づく目的関数 $l_{pw}(\mathbf{x}, \mathbf{y}, \mathbf{w})$ は，式 (6.12) のようになります．

$$
\begin{aligned}
l_{pw}(\mathbf{x}, \mathbf{y}, \mathbf{w}) &= \max(h(\mathbf{x}, \mathbf{y}^*) - h(\mathbf{x}, \mathbf{y}), 0) \\
&= \max\Big(\sum_{i=1}^{|\mathbf{x}|-1} (y_i^* - y_i) \cdot \mathbf{w} \cdot \phi(\mathbf{x}, i), 0 \Big)
\end{aligned}
\quad (6.12)
$$

さらに，$l_{pw}(\mathbf{x}, \mathbf{y}, \mathbf{w})$ の劣勾配は，式 (6.13) で計算できます．

$$
\nabla l_{pw}(\mathbf{w}, \mathbf{x}, \mathbf{y}) = \begin{cases} \sum_{i=1}^{|\mathbf{x}|-1}(y_i^* - y_i) \cdot \phi(\mathbf{x}, i) & \text{if } \sum_{i=1}^{|\mathbf{x}|-1}(y_i^* - y_i) \cdot \mathbf{w} \cdot \phi(\mathbf{x}, i) \geq 0 \\ 0 & \text{それ以外．} \end{cases}
\quad (6.13)
$$

アルゴリズム 5 に確率的勾配下降法を用いた重みの更新方法を示します．各単語境界タグ y_i において予測値 y_i^* と正解 y_i が等しいとき，$y_i^* - y_i = 0$ となります．つまり，解析誤りがある境界のみから重みベクトルの更新を行います．

6.5 まとめ

点予測は，入力文中の文字の境界が単語境界になるかどうかを二値分類問

題として定式化する手法です．現在の境界を予測する際に他の予測値を用いないことで解析アルゴリズムが単純になるばかりでなく，部分的に注釈が付与されたコーパスや単語リストといったさまざまな言語資源を用いて学習が可能です．さらに，単語境界付近の文字，文字種 n-gram 情報を素性とすることで新語やスラングといった辞書にない単語の識別精度が高い特徴があります．点予測において辞書は素性の一部にすぎません．辞書なしでも単語分割が行えることは，最小コスト法に対する大きな利点となります．

　最小コスト法が単語そのものの認定に焦点を当てていたのに対し，点予測はあくまで単語境界の認定しか行いません．長い固有名詞が多く含まれるような辞書や品詞体系は，固有名詞とその構成語との分割の曖昧性があるため単語の前後を同時に予測しないと正しく単語分割が行えません．点予測は，単語長が短く，語の一貫性が高い品詞体系で有効な手法ですが，それ以外では使用に注意が必要です．

第7章

未知語処理

　形態素解析における誤りの要因の一つに，辞書に含まれていない単語，未知語の存在があります．実テキスト解析する際には，未知語は避けて通れない問題であり，未知語が必ず発生するという仮定のもとでシステムを設計しなければなりません．本章では，これまでに紹介した形態素解析，単語分割システムがどのように未知語を処理しているかを解説します．

7.1　未知語

　形態素解析の辞書は，一般に数十万以上の単語が含まれています．このような膨大な単語辞書をもってしても，実テキストを解析するには不十分です．実テキストには固有名詞，専門用語，方言，ネット上のスラング，崩れた表現，新語などがあり，辞書が全ての単語をカバーできるとは限りません．
　このように，テキスト中の語の中でシステムの辞書に含まれていない語を**未知語**，未知語を解析するための機構を**未知語処理**と呼びます．また，未知語に対応して辞書に含まれている語を**既知語**と呼ぶことがあります．ここでの注意点は，**未知語**の定義です．未知語はあくまでも辞書に含まれているかどうかが判断基準であって，学習用の注釈済みコーパス中にあるかどうかは関係ありません．辞書を用いないシステムは，全ての語が未知語となり未知語と既知語の区別がありません．
　どんなに大規模な辞書が構築できたとしても，未知語は必ず発生します．未知語により解析が停止するようなシステムは，実応用では使い物になりません．未知語処理は形態素解析，単語分割システムの必須機能です．

未知語処理には，形態素解析の一部として解析中に行う**解析時未知語処理**と，解析辞書に新語を登録する**辞書拡充**の二つの方法があります．これらは，独立した手法であるため併用することも可能です．

7.2 解析時未知語処理

形態素解析，単語分割システム本体が未知語を解析時に同定する処理のことを解析時未知語処理と呼びます．システムは，未知語があたかも辞書に登録されたかのように振る舞います．解析時未知語処理はユーザの手間がかからず，ある意味理想的ですが，入力文中の字面のみから単語を同定するため，それほど高い精度が得られるわけではありません．ここでは，最小コスト法と点予測について解析時未知語処理の実装方法を述べます．

7.2.1 最小コスト法における解析時未知語処理

最小コスト法は，解析候補の経路を効率よく格納するラティスと呼ばれるデータ構造を用います．入力テキストのある部分が辞書に含まれる語でカバーできなければラティスを構築できず，解析結果を得ることができません．

この問題を解決するために，解析がどのような状況でも継続できるように擬似的な単語ノードを作成しラティスに登録しておきます．簡単な方法は，テキスト中の全文字を1単語として登録することですが，1文字が1単語になるケースはまれで，この方法は形態素解析を失敗させないこと以上の利点はありません．

日本語は，ひらがな，カタカナ，漢数字，英数のように複数の字種を用いる言語です．多くの例外はあるにせよ，字種が切り替わる境界は単語境界である可能性が高いため，日本語の形態素解析システムの多くは，同一の字種の連続を1語にまとめ，大きなコストを与えることで未知語を処理しています．こうすることで，辞書中の語で解析できる場合は，コストが小さいためそちらが優先され，解析できない場合に限り代替候補として擬似ノードが選択されるようになります．

しかし，辞書中の単語があるからそちらを優先するだけでは解決できない事例が多くあり，これが未知語処理を複雑にしています．例えば，「賀名生（あのう）」という地名[108]をMeCab (ipadic) で解析すると図7.1のようにな

---

[108] 奈良県五條市西部の旧村域．梅が有名．

```
賀名　名詞,固有名詞,人名,名,*,*,賀名,カナ,カナ
生　名詞,接尾,一般,*,*,*,生,セイ,セイ
```

図 **7.1**　未知語による解析誤りの例

ります．

「賀名」も「生」も辞書に登録されている単語ですが，それらを結合した単語が正しい解析結果となります．既知語の結合までを考慮に入れると，原理的には入力文中の全ての部分文字列が未知語候補となりえます．しかし，それら全てを擬似的なノードとして登録するのはあまりにも計算量が大きすぎます．計算量を抑えつつ適切な粒度で未知語ノードを追加しなければなりません．

7.2.2　解析時未知語処理の例：MeCab

MeCab では，計算量と精度のバランスを取りながら，動作タイミング，グルーピング，長さの3つのパラメータを用いて文字種ごとに未知語ノードの作成条件を定義しています．また，どの文字をどの文字種に割り当てるかもユーザが自由に定義できるよう設計されています．これらの設定は，char.def ファイル（図 7.2）に記述されています．

ファイルの最初には，文字のカテゴリ名（種別）と各カテゴリの未知語処理の動作を定義します．

```
カテゴリ名 動作タイミング (0/1) グルーピング (0/1) 長さ (0,1,...n)
```

- 動作タイミング: そのカテゴリにおいていつ未知語処理を起動するか
    - 1: 常に未知語処理を起動する
    - 0: 現在の位置から開始する既知語がある場合は未知語処理を動作させない
- グルーピング: 未知語の候補生成方法
    - 1: 同じ文字種でまとめる
    - 0: 同じ文字種でまとめない

```
DEFAULT      0 1 0
SPACE        0 1 0
KANJI        0 0 2
SYMBOL       1 1 0
NUMERIC      1 1 0
ALPHA        1 1 0
HIRAGANA     0 1 2
KATAKANA     1 1 2
...

中略

# HIRAGANA
0x3041..0x309F   HIRAGANA

# KATAKANA
0x30A1..0x30FF   KATAKANA
0x31F0..0x31FF   KATAKANA
0x30FC           KATAKANA

# Half KATAKANA
0xFF66..0xFF9D   KATAKANA
0xFF9E..0xFF9F   KATAKANA

# KANJI
0x2E80..0x2EF3   KANJI
0x2F00..0x2FD5   KANJI
0x3005           KANJI
0x3007           KANJI
0x3400..0x4DB5   KANJI
0x4E00..0x9FA5   KANJI
0xF900..0xFA2D   KANJI
0xFA30..0xFA6A   KANJI
```

図 **7.2** MeCab の未知語処理設定 (char.def)

- 長さ: 未知語の長さ（任意の自然数）

  - 0: 長さで未知語をまとめない（グルーピングが1のときに有効）
  - 1: 1文字までの文字列を未知語として生成する
  - 2: 1,2文字の文字列を未知語として生成する
  - n: 1,2,3,...,n文字の文字列を未知語として生成する

グルーピングと長さを同時に指定することも可能です．このときは，各基準

```
DEFAULT,5,5,4769,記号,一般,*,*,*,*,*
SPACE,9,9,8903,記号,空白,*,*,*,*,*
KANJI,1285,1285,11426,名詞,一般,*,*,*,*,*
KANJI,1283,1283,17290,名詞,サ変接続,*,*,*,*,*
HIRAGANA,1285,1285,13069,名詞,一般,*,*,*,*,*
HIRAGANA,1283,1283,20223,名詞,サ変接続,*,*,*,*,*
...中略...
KATAKANA,1285,1285,9461,名詞,一般,*,*,*,*,*
KATAKANA,1293,1293,13661,名詞,固有名詞,地域,一般,*,*,*
```

図 7.3　未知語の生起コストの定義 (unk.def)

で生成された未知語の和集合が最終的な未知語候補となります．

次に，文字カテゴリ名とコードポイントのマッピングを定義しています[109]．

[109] MeCab は Unicode の BMP 領域にあるコードポイントのみをサポートしています．

```
コードポイント開始(..コードポイント終了)  カテゴリ名
```

図 7.2 では，カタカナ (KATAKANA)，ひらがな (HIRAGANA) の文字集合に対応する Unicode のコードを指定しています．

未知語の生起コストは，unk.def（図 7.3）にて定義します．unk.def は，通常の辞書と同一のフォーマットですが，見出し語に文字種カテゴリ名が記述されています．同じ文字種カテゴリを持つ未知語は，ここで定義されたコストが共有されます．未知語処理の戦略（文字種の定義，動作タイミング）は，辞書開発者が決定する必要がありますが，未知語の生起コスト値は条件付き確率場により学習コーパスから自動的に算出されます．

7.2.3　既知語から派生した未知語の自動認識

ウェブ上のチャットや SNS では，「おいしいかったでーす」というようなくだけた表現が頻出します．人間であれば，「おいしかったです」という通常の文が派生した形であると認識できますが，くだけた表現が辞書に登録されていない限り自動解析は困難です．この例のように，未知語には，既知語とは直接関係ない純粋な未知語とは別に，既知語から派生した未知語があります．既知語から派生した未知語は，純粋な未知語として扱うのではなく既知語との関連性を考慮しながら解析するほうが処理が容易になることが考えられます．

7 未知語処理

表 7.1 既知語から派生した未知語の種類（文献 [33] より引用）

未知語の種類	正規化前	正規化後
ひらがな化	ゆうびんきょく	郵便局
表記ゆれ	素晴しい	素晴らしい
混ぜ書き	憂うつ	憂鬱
小書き	すごぃ	すごい
長音	すごーーい	すごい
文字置換	あゃιぃ	あやしい
分解	ネ申	神

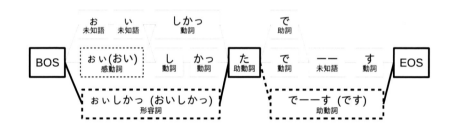

図 7.4 未知語ノードの動的な生成

　既知語がどのように派生するかは，一定のルールがあることが知られています．そこで，未知語表記を解析時に通常表記に戻しながら辞書引きを行い，動的に未知語ノードとして追加する手法が提案されています [33]．表 7.1 に既知語から派生した未知語の種類とその例を，図 7.4 に未知語ノード入りのラティスの例を示します．この例では，動的に構築されたノードを破線で示しています．新たに生成されたノードを含めて最適解を探索することで正しい解析結果が得られます．また，生成された候補に対して辞書引きを行うため，副次的に元の通常表記が出力されます．この機能は**テキスト正規化**と呼ばれます[110]．

　既知語と派生語の対応ルールの作成は，現状では人手による試行錯誤に依存しています．派生語とその通常表記を含む注釈付きデータを作成し，そこからルールを自動的に学習する試みもなされています [34]．ただし，生コーパスから自動的にルールを学習する方法はまだ確立されていません．

---

110) Unicode 正規化は，主に文字単位の正規化ですが，テキスト正規化は，単語を含む表記全般の正規化を意味します．

7.2.4 点予測における解析時未知語処理

点予測に基づく形態素解析，単語分割システムでは，辞書は解析に必須のリソースではなく辞書なしでも解析が行えます．未知語と既知語は，辞書素性があるかどうかの違いだけであり，システムはそれらを明示的に区別しません．捉え方によっては未知語が存在しないシステムであるといえます．

最小コスト法は，あくまでも辞書を主体とした手法であることから，未知語処理も単語そのもの（単語の開始位置と終了位置）を同定する必要があります．しかし，入力文中の全ての部分文字列が未知語候補になりえるため，MeCab の char.def のように文字種や言語的な知識を用いて無駄なく効果的に未知語候補を列挙しなければなりません．一方，点予測法は，単語そのものを推定せず，単語境界の有無のみを推定する手法です．単語境界は高々文字列長に比例する数しかないため，最小コスト法に比べて未知語処理の計算量が抑えられます．

点予測では，字種や文字の並びなどから単語境界を総合的に判断できることと原理的に全単語分割候補を考慮できる点で，未知語処理の精度は最小コスト法より高くなることが知られています．しかし，総合的に判断できると言っても，文中にある字面情報のみから単語を同定することは本質的に困難であり，既知語の精度には及びません．

また，点予測は，「ぉぃしぃかったでーす」のようなくだけた表現の単語分割，品詞推定は可能ですが，最小コスト法のように標準表記「おいしかったです」との関連性をモデルに組み込むことがそのままではできません．最小コスト法では，副次的に標準表記を出力できるのに対し，点予測では容易ではありません．

7.2.5 未知語処理の学習

機械学習を用いて形態素解析システムの重みベクトルを学習する際に，未知語処理用の重みベクトル（パラメータ）も同時に学習する必要があります．学習データに未知語が全くない場合，システムは未知語処理についての適切な重みを学習できません．そこで，学習データ中の低頻度の語をわざと辞書から削除することで未知語処理を強制的に動作させ，重みが正しく学習できるようにします．

語の擬似的削除の方法はいくつか考えられます．簡単には，学習データ中の頻度 1 の単語を一定の割合で削除します．また，学習データ中の単語をブー

トストラッピングサンプリングすることも考えられます．ブートストラッピング法では，学習データ中の単語を重複を許しつつランダムに一つ選択します（復元抽出）．これを学習データ中の単語数と同じ回繰り返します．このようにして得られた単語集合は，元の単語の分布に類似していますが，低頻度の単語はサンプリングされるとは限らないため擬似的に未知語を発生させた近似単語集合となります．

7.3 辞書拡充

辞書拡充は，精度向上に最も有効な手段であることが知られています．ニュービッグらは，分野適応で実現可能な精度の向上の約 75〜80%は辞書追加により実現可能であると報告しています[111]．

注釈付きデータの整備に比べれば辞書への単語追加はお手軽ですが，大量の未知語を手作業で登録していくことは現実的ではありません．そこで，ウェブ上のデータから単語候補を自動的に抽出して辞書登録することで，語を大幅に拡充する試みがなされてきました．Wikipedia の見出し語は，代表的なウェブデータであり，固有名詞のカバレッジが向上します．Wikipedia 以外にも，フリーで使える日本語入力辞書も利用可能です．

ウェブ上のデータから辞書を構築する際の注意点は，単語の認定基準の一貫性が低くなってしまうことです．固有名詞の認定がゴールであれば問題ありませんが，統語解析，意味解析には語の認定基準に一貫性のとれた辞書が望まれます．そこで，JUMAN では，Wikipedia を用いた自動辞書拡充を行うと同時に，見出し語が複合名詞かどうかの判定を行い，際限なく複合名詞が登録される問題を解消しています．例えば，「京都大学」は，既存の形態素解析システムで分割をすると「京都」と「大学」に分割されるため複合語とみなしますが，「爽健美茶」は，1 文字ずつの漢字に分割されるため複合語ではないとみなし，新語として辞書に登録します．カタカナの複合語は，元の外国語表記との対応関係を取ることで正しい分割方法がわかることがあります [35]．例えば，「パセリソース」は「パセリ+ソース」と「パセ+リソース」の分割の可能性がありますが，これらに対応する英語表記のウェブ上での頻度を調べることで，「パセリ+ソース」が正しい分割であることがわかります（表 7.2）．

Wikipedia は固有名詞の拡充には有効ですが，動詞や形容詞といった用言

[111] http://www.phontron.com/kytea/dictionary-addition.html

表 7.2 カタカナ複合語と外国語表記の対応（文献 [35] より引用）

分割候補	英語表記	ウェブ上での頻度
パセリ ＋ ソース	parsley source	554
パセリ ＋ ソース	parsley sauce	20600
パセ ＋ リソース	pase resource	3

はどのように拡充すればよいでしょう．用言の獲得には活用情報が大きなヒントとなります．日本語の新しい動詞は，「一段動詞」もしくは「ラ行五段動詞」になりやすいという性質があります．例えば，「デコる」という動詞[112]を考えてみましょう．もしこの単語が動詞であるならば，「ラ行五段動詞」の活用を持ち，「デコらない」「デコって」のような表現がウェブ上に出現するはずです．このように活用させた形の単語の出現を調べれば，動詞かどうかの判定が行えます．詳細は文献 [36] に譲ります．

[112) デコレーションする（飾り付ける）という意味の若者言葉です．

7.4 新語のコスト推定

最小コスト法に基づく形態素解析システムの辞書に新たな単語を登録する際には，その単語の生起コストも決めなければなりません．しかし，新語のコスト値推定は想像ほど難しい処理ではありません．

最小コスト法のシステムは，品詞同士のつながりやすさを数値化した連接コストが解析精度に大きな影響を与えています．逆にいえば，生起コストは，他の語の部分文字列になるような極端に短い語やひらがな語でない限り，適当なデフォルト値で十分動作します．デフォルト値は，同一の品詞を持つ単語のコストの平均値や中央値から計算できます．一般的には，デフォルト値から始めて，その単位で切り出されないときに徐々にコスト値を小さくしていきます．

コスト計算をどうしても自動化したい人のために，MeCab は，生起コストの自動推定機能を提供しています．自動推定では，新規単語の品詞情報，文字種を基に生起コストを算出します．新語のコスト自動推定は，学習データに含まれないが辞書にはある単語のコスト推定と実質同一です．これらの単語は，学習データから分割に必要な情報が直接得られないため，字種や品詞の情報のみからコストを推定します．

7.5 まとめ

　形態素解析のエラーの多くは未知語に起因すると言われており，形態素解析にとって本質的に避けて通れない問題です．本章では，代表的な未知語処理として，解析時に未知語を同定する方法と，ウェブ上のデータを用いて辞書を自動的に拡充する方法を紹介しました．それぞれ独立した手法であるため，併用も可能です．

　ソーシャルメディア上のテキストには即時性のある主観的な情報が含まれていることから，同テキストを対象とした解析，分析の需要が高まっています．しかし，これらのテキストには，誤字，表記ゆれ，崩れた表記などが多く含まれており，新聞記事等のきれいな文書を対象とした形態素解析システムが常に正しく解析できるとは限りません．ソーシャルメディアのテキスト解析が現在の形態素解析研究の最前線になっており，新手法の提案が期待されています．

第8章

評価

本章では形態素解析，単語分割の評価方法について説明します．一般的に性能評価では，人手によって作成された正解データとシステム出力を比較することで評価を行います．評価基準として，分割正解率，精度，再現率，F値があります．また，単語分割の一貫性に注目した評価基準もあります．本章ではそれらの評価基準の特徴や違いについて紹介します．

8.1 分割正解率

単語分割は，テキスト中の二文字間に分割境界があるかないか推定する二値分類問題として定式化できます．分割正解率は，この二値分類の正答率であり，式 (8.1) のように計算されます．

$$\text{分割正解率} = \frac{\text{分割境界推定の正解数}}{\text{分割境界の全候補数}} \tag{8.1}$$

分割正解率は単語の長さに依存しない評価基準です．入力文を文字単位で分割しても，文全体を 1 単語としても，分割境界の候補数（式 (8.1) の分母）は変わりません．しかし，このことが逆に欠点となります．境界の有無が評価対象であるため，単語が正しく抽出されたかどうかを評価しているわけではありません．

表 8.1 に具体例を示します．「東京タワー」の例では，分割正解率は 3 / 4 = 75% ですが，実際には正解の単語は一つも抽出されていません．単語が正しく抽出されたかという基準では正答率は 0% にすべきでしょう．さらに，単語長が長くなるほど，この差がより顕著になります．表 8.1 の「東京スカ

表 8.1　分割正解率の例

入力	正解分割	システム分割	分割正解率
東京タワー	東京|タワー	東京|タ|ワー	0.75 (3/4)
東京スカイツリー	東京|スカイツリー	東京|ス|カイツリー	0.86 (6/7)

イツリー」の例では，分割正解率は 6 / 7 = 86% と一見高い値になりますが，単語抽出という意味では完全に失敗しています．

　一般に，長さ k の単語を抽出するには，$k-1$ 箇所ある単語境界の有無の判定全てを正解しなければなりません．つまり単語長が長くなるほど抽出精度と分割正解率の乖離が大きくなります．UniDic 短単位のような単語長の短い品詞体系であればこの差は大きな問題になりませんが，単語長の長い品詞体系では，分割正解率を用いて評価することはおすすめできません．

　分割正解率は，文字ごとに独立して計算できる利点から，機械学習の目的関数（損失関数）として使われることがあります．点予測法に基づく単語分割法は，分割正解率を目的関数とする構造学習法とみなすことができます．ただし，単語長が長くなるほど分割正解率に基づく目的関数が単語抽出タスクをうまくモデル化できなくなります．点予測に基づく単語分割システム KyTea は，単語長が極端に短い**超短単位**を採用しており，抽出精度と分割正解率の乖離が表面化しにくい特徴があります．

8.2　精度・再現率・F 値

[113] 精度は以前は「適合率」と呼ばれていました．

精度[113]，**再現率**，それらの調和平均の **F 値**は，形態素解析，単語分割の評価基準として最も一般的なものです．これらは，正解データ中の単語がどれだけ正しく抽出できたかを考慮に入れて評価を行います．それぞれ式 (8.2)，式 (8.3)，式 (8.4) のように定義されます．

$$精度 = \frac{正しく抽出された単語数}{システムが出力した単語数} \tag{8.2}$$

$$再現率 = \frac{正しく抽出された単語数}{正解の単語数} \tag{8.3}$$

$$F 値 = \frac{2 \times 精度 \times 再現率}{精度 + 再現率} \tag{8.4}$$

表 8.2 に，精度，再現率，F 値の具体例を示します．精度，再現率の分子は，

表 8.2 精度, 再現率, F 値の例

システム分割	正解分割（「もし」を副詞と解釈）	精度	再現率	F 値
今日␣も␣し␣ない␣とね	今日␣もし␣ない␣とね	0.4 (2/5)	0.4 (2/5)	0.4

表 8.3 解析誤りの修正と精度, 再現率, F 値の変化

修正の種類	システム分割	正解分割	精度	再現率	F 値
修正前	今日␣も␣し␣ない␣とね	今日␣もし␣ない␣とね	0.4 (2/5)	0.4 (2/5)	0.4
結合	今日␣もし␣ない␣とね		0.75 (3/4)	0.6 (3/5)	0.67
分割	今日␣も␣し␣ない␣と␣ね		0.67 (4/6)	0.8 (4/5)	0.72

ともに正しく抽出された単語数です．この例では，「今日」「ない」の 2 単語が正しく抽出されています．精度，再現率の分母は，それぞれ，システムの単語数，正解の単語数です．この例では，ともに単語数は 5 となり，精度，再現率，F 値は，ともに 0.4 と計算されます．

精度，再現率は，分子が共通しているため，一見すると大きな違いがないように思えます．精度，再現率が何を評価しているかを明らかにするために，解析誤りを修正したときに，これら二つの評価値がどう変化するか注目してみます．解析誤りの修正には，「も␣し」を「もし」に結合する方法と，「と␣ね」を「と␣ね」に分割する二つの方法が考えられます．それぞれの修正がなされたときの精度，再現率を表 8.3 にまとめます．精度，再現率ともに向上しますが，結合する場合は精度が，分割する場合は再現率がより大きく向上しています．一般的に，単語長を長くする（結合する）ことで精度が向上し，単語長を短くする（分割する）ことで再現率が向上します．言い換えると，精度が小さいと過割分が，再現率が小さいと分割不足が発生しているといえます．このことから，精度と再現率はトレードオフの関係，つまりどちらかを上げるとどちらかが下がる関係にあります．

とはいえ，二つの指標を比較するのは何かと面倒なことです．そこで，それらの調和平均である F 値を考え，それを単語抽出の統一された評価基準として用います．調和平均は，0～1.0 の値を取り，精度と再現率がともに 1.0 のときに最大となります．調和平均は，精度と再現率に偏りがある場合，算術平均や幾何平均よりも小さな値を取ります．F 値は精度と再現率のバランスを他の平均と比較して厳しく評価する基準です．

表 8.3 の結合と分割を比較すると，分割のほうが F 値の上がり幅が大きくなっています．これは，分割によって正しく抽出された単語数が増えたこと

表 8.4 同一単語が複数出現する例

システム出力	正解分割
すもも_も_も_も_も_も_の_うち	すもも_も_も_も_も_も_の_うち

に起因しています．結合も分割も，一箇所の分割位置の修正であり，分割正解率の向上差は同一にもかかわらず，分割のほうがF値，精度が高くなることに注意してください．単語長の短い品詞体系のほうが，単語分割正解率と単語抽出精度（F値）の差が小さくなることが，ここからもわかります．

実データでは，一つの文に同一の単語が複数含まれることがあります．表 8.4 の例では，「もも」が複数回出現し，評価するにはどちらがどちらの「もも」か区別しなければなりません．一般に，ある単語が正しく抽出された場合，その出現位置はシステム出力と正解出力で同一になります．この事実を用いれば，システム出力，正解出力の単語列を一つずつ見ていきながら，出現位置と単語（見出し語）が合致する単語のみに着目することで，正しく解析された単語を数え上げることができます．図 8.1 に，精度，再現率，F値を計算する C++ のサンプルコードを示します．

8.3 品詞出力の評価

形態素解析の評価では，単語分割以外にも，品詞，活用型，活用形がどれだけ正しいかをあわせて評価します．階層的な品詞情報，活用形，活用形，読み，発音といった拡張情報の正解率を個別に評価することも可能ですが，日本語の形態素解析の場合，「単語分割」「品詞の最上位階層」「品詞の全階層，活用型，活用形」の三つ基準で評価を行います．評価は，単語分割と同様，精度，再現率，F値によって行います．単語分割の評価では見出し語の一致率を比較しますが，品詞を含める場合は，見出し語と品詞が正解データのそれらと等しくなるときに限り正解とみなします．

8.4 分割の一貫性

分割の一貫性は，情報検索の分野で特に注目されてきた新しい評価基準です．一貫性の議論の導入として，実際の MeCab, KyTea の解析結果を見て

```cpp
// システム単語配列
const std::vector<std::string> result
        = { "今日", "も", "し", "ない", "とね" };

// 正解単語配列
const std::vector<std::string> answer
        = { "今日", "もし", "ない", "と", "ね" };

int correct = 0;           // 正しく抽出された単語数
int result_index = 0;      // システム単語配列の添字
int answer_index = 0;      // 正解の単語配列の添字
int result_pos = 0;        // システムの文字位置
int answer_pos = 0;        // 正解の文字位置

while (result_index < result.size() &&
       answer_index < answer.size()) {
  if (result_pos == answer_pos) {
     if (result[result_index] == answer[answer_index]) {
        ++correct;
     }
     result_pos += result[result_index].size();
     answer_pos += answer[answer_index].size();
     ++result_index;
     ++answer_index;
  } else if (result_pos > answer_pos) {
     answer_pos += answer[answer_index].size();
     ++answer_index;
  } else if (result_pos < answer_pos) {
     result_pos += result[result_index].size();
     ++result_index;
  }
}

const double precision = 1.0 * correct / result.size();
const double recall = 1.0 * correct / answer.size();
const double F = 2 * precision * recall / (precision + recall);
std::cout << "Precision=" << precision
          << " Recall=" << recall
          << " F=" << F << std::endl;
```

図 8.1　精度，再現率，F 値の計算例

```
% echo 京都大学 | mecab
京都大学        名詞,固有名詞,組織,*,*,*,京都大学,キョウトダイガク,...
EOS

% echo 京都大学に行く. | mecab
京都大  名詞,固有名詞,組織,*,*,*,京都大,キョウトダイ,キョートダイ
学      名詞,接尾,一般,*,*,*,学,ガク,ガク
に      助詞,格助詞,一般,*,*,*,に,ニ,ニ
行く    動詞,自立,*,*,五段・カ行促音便,基本形,行く,イク,イク
.       記号,句点,*,*,*,*,.,.,.
EOS

% echo それを誤魔化す | kytea
それ/代名詞/それ を/助詞/を 誤魔/名詞/ごま 化/接尾辞/か す/語尾/す

% echo 誤魔化す | kytea
誤魔化/名詞/ごまか す/語尾/す
```

図 8.2 一貫性のない単語分割例

みましょう（図 8.2）．

　興味深いことに，「京都大学」「誤魔化す」の分割結果が，周辺の文脈によって変化しています．当然，これらの単語の意味は変わらないため，分割結果は同じになるべきです．これら例のように，統語的，意味的に同一のフレーズが文脈によって異なった分割になることを**一貫性のない分割**と言います．

　一貫性のない分割は，情報検索において特に問題となります．例えば「京都大学に行く」というドキュメントが「京都⌴大学⌴に⌴行く」と分割され，クエリ「京都大学」が「京都⌴大学」と分割された場合，分割の不一致から検索に失敗します．検索を成功させるには，「京都大学」が文脈によらずいつでも「京都⌴大学」と分割されなければなりません．

　高橋らは，単語分割の一貫性の尺度として，**分割不一致率**と**分割エントロピー**の二つを提案し，さまざまな形態素解析，単語分割システムの一貫性を比較，検討しています [37]．分割不一致率は，事前に与えられた固有名詞等のクエリ集合が，単独で出現したときと，ドキュメント中に文脈込みで出現したときの分割結果を比較し，不一致を計算します．分割エントロピーは，辞書中の単語がコーパス中でどのように細分割されたか頻度を数え，その確率値のエントロピーを求めます．エントロピー値なので，値が低いほど一貫性が高くなります．

表 8.5　一貫性の比較 (文献 [37] より引用)

解析器	辞書	単語長	分割不一致率	分割エントロピー
ChaSen	ipadic	普通	0.69%	0.0236
JUMAN	JUMAN	普通	0.72%	0.0347
KyTea	UniDic	短い	0.87%	0.0012
MeCab	ipadic	普通	1.14%	0.0242
MeCab	JUMAN	普通	1.38%	0.0339
MeCab	UniDic	短い	**0.38%**	**0.0011**
MeCab	NEologd	長い	2.30%	0.0434

　高橋らの結果を表 8.5 に示します．使用する辞書（単語長）や形態素解析システムによって一貫性が異なることがわかります．まず，辞書については，単語長が長くなるほど一貫性が低くなっています．特に大量の固有名詞が登録されている MeCab-NEologd の一貫性の低さは群を抜いており，長い語を安易に登録することの危険性が見て取れます．また，MeCab にシステムを固定した場合，UniDic の一貫性が一番高くなっています．UniDic の単語長が他に比べて短いことと，斉一な単語認定基準により単語分割の曖昧性が抑えられていることが高い一貫性の要因だと考えられます．

　形態素解析システムについても，面白い傾向があります．まず，同じ最小コスト法でも，シンプルな学習方法を採用する ChaSen や JUMAN が，高度な推定方法を用いる MeCab よりも高い一貫性を示しています．また，同一辞書 (UniDic) を用いた場合[114]，KyTea に比べ，MeCab の一貫性が高くなっています．これら二つの結果は，モデルの文脈依存性に関連しています．MeCab は，階層的な品詞体系，活用型，活用形等の複数の文脈情報を柔軟に取り入れてコストを推定しています．KyTea は，品詞といった抽象化された情報ではなく，文字 n-gram 等といった具体化された文脈情報を使っています．つまり考慮する文脈の量が多ければ多いほど，さらに具体的な情報を使えば使うほど文脈に過学習しやすくなり一貫性の低い結果が出るリスクが高くなります．形態素解析，単語分割は，長距離文脈や語彙化された細かな文脈を柔軟に考慮できるモデルのほうが精度が高くなるとされてきました．しかし，ことさら一貫性においては，文脈化がかえって逆効果になります．

　それでは，単語分割アルゴリズムの一貫性を高めるにはどのようにしたらよいでしょう．残念ながら，現段階で精度を犠牲にすることなく一貫性を高める技術は確立されていません．多少の精度を犠牲にできるのならば，でき

[114] 実際には，KyTea は超短単位を用いるため，一貫性という意味では有利な状況にあります．

> **コラム：一貫性の重要性**
>
> ウェブ検索のインデクシング用の単語分割システムの改良がソフトウェアエンジニアとしての最初の仕事でした．当時，条件付き確率場といった優れた手法が提案された矢先で，既存手法を凌ぐ高い精度が報告されたこともあり，それら最先端の技術をふんだんに使うことを考えていました．しかし，最終的に見送る結果となりました．その理由が，分割の一貫性です．検索漏れはウェブ検索ではあってはならない重大な問題です．最終的に一貫性が高いよりシンプルなアルゴリズムを採用することにしました．自分にとってはよい意味でショッキングな経験であり，応用によって分割手法を変えること，さらに分割性能だけが技術の選択基準にならないことを学びました．当時，単語分割や形態素解析の研究は活発に行われていましたが，一貫性を議論した研究はなかったように思います．それから10年がたち，MeCab等が実応用で使われるようになるにつれ，分割の一貫性からくる問題が注目されるようになります．高橋らは2016年の言語処理学会年次大会にて単語分割の一貫性に関する発表を行いました．会場が満席だったこと，そして何より質問の大部分が企業で形態素解析を実際に使っている研究者，開発者であったことが，一貫性がいかに実応用で深刻な問題なのかを証明しています．

るだけ単純なモデルを用いることで一貫性を高めることができます．例えば，文脈を見ることが問題なのであれば，文脈情報をあえて考慮しないモデル化が考えられます．具体的には，最小コスト法の連接コストを常に0にしてモデルの学習を行いますこのモデルでは，あるフレーズの両端に単語境界があると仮定したときに，そのフレーズ内の単語分割は，文脈に依存せず同一になることが保証されます[115]．

115) Sentencepiece は，この連接を考慮しないモデルを使っています．

8.5　回帰評価

　分割正解率やF値は，大量の正解データを用いてシステムの平均的な挙動を評価します．このような**平均評価**は，開発の初期段階における精度向上，おおまかな振る舞いの調査，他のシステムとの比較検討，実験的な機能の評

価といった目的には有効ですが，システム使用中にユーザが感じるストレスを捉えるには不十分です．形態素解析とならぶ自然言語処理の代表的な応用処理の日本語入力[116]では，平均評価が大幅に向上したとしても，簡単な単語「明日」が変換できないだけでユーザはこのシステムは欠陥ありと評価を下すことがあります．ソーシャルメディア経由で悪評はまたたく間に拡散し，一つの変換誤りが命取りになることさえありえます．ユーザは，システムの挙動を予測しながら使っています．その予測がはずれると大きなストレスとなります．実際の評価基準は，この心理的ストレスを反映しなければなりません．

著者が開発に携わっていた日本語入力ソフトウェア Mozc では，通常の評価とは別に，絶対に誤ってはいけない変換例を手動，自動を問わず収集し，その全ての事例にパスしないと出荷できないという**回帰評価**を行っています．このような事例は，誤変換レポートや基本的な単語集合から半自動で生成しています．Mozc の初期のバージョンでは，平均評価のみに頼っていたため，「昨日（さくじつ）」や「午後（ごご）」が変換できないといった問題が連続していました．出荷基準に回帰評価を導入することで，そのような問題は激減しました．

回帰評価は，日本語入力に限らず，一般のシステムやモデルの更新時に発生する副作用を早期に発見できることから迅速なソフトウェア開発に役立ちます．また，回帰評価は，システムが最低限満たさなければならない品質を担保してくれるため，開発者はモデルや辞書の改善に専念できます．

[116] 形態素解析と日本語入力の解析・変換アルゴリズムは多くの部分で共通しています．詳しくは文献 [18] を参照してください．

8.6 mecab-system-eval を用いた評価

MeCab には，評価用のプログラム mecab-system-eval が同封されています．MeCab の素性情報のどのフィールド（CSV の何番目のフィールド）を評価対象に含めるかを自由に指定でき，さまざまな観点から評価が可能です．

図 8.3 に mecab-system-eval の動作例を示します．第 1 引数がシステムの結果，第 2 引数が正解のファイルです．

各レベル (LEVEL) は，何番目の素性フィールドまでを評価に含めたかを示しています．LEVEL0 は特別なフィールドで，見出し語（分かち書き）のみの評価です．LEVEL2 は，2 番目までのフィールド，すなわち単語分割，品詞，品詞細分類が同時に認定される精度を意味しています．mecab-system-eval

```
% /usr/local/libexec/mecab/mecab-system-eval test gold
                precision            recall              F
LEVEL 0:    98.6887(647112/655710)   98.9793(647112/653785)   98.8338
LEVEL 1:    98.2163(644014/655710)   98.5055(644014/653785)   98.3607
LEVEL 2:    97.2230(637501/655710)   97.5093(637501/653785)   97.3659
LEVEL 4:    96.8367(634968/655710)   97.1218(634968/653785)   96.9791
```

図 8.3　mecab-system-eval の動作例

は，-l オプションによって，どの素性のレベルを使って評価するかを指定します．

- -l 0: 0 番目の素性のみを使って評価（分かち書き）
- -l 4: 0～4 番目の素性を使って評価
- -l -1: 全レベルの素性を使って評価
- -l "0 1 4" 0 番目，0～1 番目，0～4 番目の 3 つの評価を表示
- -l "0 1 -1" 0 番目，0～1 番目，全レベルの 3 つの評価を表示

さらに，形態素解析システムの性能評価およびエラー分析を行うためのツール MevAl（メバル）[117] があります．MevAl は，mecab-syestem-eval と同様の F 値による評価以外にも，二つの形態素解析手法の有意差の検証や，エラー分析を支援する機能を提供しています．

[117] https://teru-oka-1933.github.io/meval/

8.7　まとめ

本章では，形態素解析の評価方法について解説しました．単語境界のみに着目した分割正解率，単語の抽出に注目した精度，再現率，F 値等さまざまな評価基準が利用可能です．これらの評価基準のおかげで，異なるシステムの優劣を客観的に測ることができ，形態素解析の研究が加速しました．

形態素解析に限ったことではありませんが，客観的なスコアのみに一喜一憂するのは危険です．評価基準は，ある側面のみを切り出して数値化したものです．例えば，分割正解率が高いからといって必ずしも単語の抽出精度がうまくいっているとはいえません．形態素解析の評価基準は単語長に影響を受けやすく，同じ単語の同定であっても長い複合語を認識するほうが F 値の上がり幅は小さくなります．また，評価コーパスの偏りにも注意が必要です．

評価コーパスに偏って出現した同一単語の解析誤りが修正されると，精度が過大評価される恐れがあります．複数の評価値から総合的に判断したり，実際のシステム出力の差を確認して致命的なエラーが発生していないか確認するといった作業が実応用では必要となります．

第9章

高度な解析

本章では，形態素解析，単語分割システムの高度な機能と，それらの実装方法について紹介します．入力文を解析するという一般的な用途に比べれば，これから紹介する機能の使用頻度は低いですが，これらの仕組みについて理解していると形態素解析，単語分割の理解が深まり，応用の範囲が広がります．

9.1 n-best 解析

形態素解析，単語分割システムは，通常，最も確からしい解析結果を一つ出力します．一方，確からしい順に n 個の解を出力する機能を **n-best 解析** と呼びます．

構文解析を例に n-best 解析の効果について考えてみましょう．構文解析は，一般に形態素解析の結果 $\mathbf{y}$ を入力とし，構文木 $\mathbf{z}^*$ を出力します．構文解析も構造解析として定式化されているものとすると，以下のような最適化問題に帰着できます．

$$\mathbf{z}^* = \arg\max_{\mathbf{z} \in \mathcal{Z}(\mathbf{y})} h_t(\mathbf{y}, \mathbf{z}) \tag{9.1}$$

ただし，$h_t(\mathbf{y}, \mathbf{z})$ は形態素解析結果 $\mathbf{y}$ から構文木 $\mathbf{z}$ が導出されるスコア，$\mathcal{Z}(\mathbf{y})$ は，形態素解析結果 $\mathbf{y}$ から導出可能な構文解析結果の集合です．通常，形態素解析が出力する唯一の解，すなわち 1-best 解の結果 $\mathbf{y}^*$ を用いて構文解析を行います．このように，前段の 1-best 解のみを後段のシステムに伝搬させていく手法を **パイプライン解析** と呼びます．

$$\mathbf{y}^* = \underset{\mathbf{y} \in \mathcal{Y}(\mathbf{x})}{\arg\max} \, h_m(\mathbf{x}, \mathbf{y}) \tag{9.2}$$

$$\mathbf{z}^* = \underset{\mathbf{z} \in \mathcal{Z}(\mathbf{y}^*)}{\arg\max} \, h_t(\mathbf{y}^*, \mathbf{z}) \tag{9.3}$$

ただし，$h_m(\mathbf{x}, \mathbf{y})$ は入力 $\mathbf{x}$ から形態素解析結果 $\mathbf{y}$ が導出されるスコアです．

パイプライン解析は，前段の解析エラーが後段に伝搬していく欠点があります．式 (9.3) では，形態素解析 $\mathbf{y}^*$ に誤りがあったり，そもそも解析に曖昧性があると，正しい構文解析結果が得られません．そこで，以下の**同時スコア**が最大になるような解を求めます．

$$h_{joint}(\mathbf{x}, \mathbf{y}, \mathbf{z}) = \lambda \cdot h_t(\mathbf{y}, \mathbf{z}) + (1 - \lambda) \cdot h_m(\mathbf{y}, \mathbf{x})$$

$$\mathbf{z}^* = \underset{\substack{\mathbf{y} \in \mathcal{Y}(\mathbf{x}), \\ \mathbf{z} \in \mathcal{Z}(\mathbf{y})}}{\arg\max} \, h_{joint}(\mathbf{x}, \mathbf{y}, \mathbf{z}) \tag{9.4}$$

ここで，λ は構文解析と形態素解析のスコアのバランスをとるパラメータです．1 best 解のみを用いる場合に比べ，構文解析と形態素解析の二つがお互いの弱点を補うように動作するため形態素解析，構文解析ともに解析精度が向上することが知られています．このように，複数のシステムのスコアを統合して同時に最適化する手法を**同時解析**と呼びます．

同時解析が可能かどうかは形態素解析，構文解析のモデルに依存します．多くの場合，形態素解析と構文解析は独立に設計されているため，同時解析は困難であると思っていいでしょう．このような場合，前段の処理の n-best 解を用いて，近似的に同時解析を行います．

$$\mathbf{z}^* = \underset{\substack{\mathbf{y} \in nbest(h_m(\mathbf{y}, \mathbf{x})), \\ \mathbf{z} \in \mathcal{Z}(\mathbf{y})}}{\arg\max} \, h_{joint}(\mathbf{x}, \mathbf{y}, \mathbf{z}) \tag{9.5}$$

前段の形態素解析結果のうち，スコアの高い n 個の解だけを用いて後段の構文解析を行います．n を大きくすると，解析精度は向上しますが，解析速度は n に比例して低下します．

n-best 解は，注釈済みコーパスの作成支援にも有効です．n-best 解の中には高い確率で正解が含まれています．これらの候補から人間に正解を選択させることで，ゼロから注釈済みデータを作るよりも短期間で効率よく注釈済みコーパスが作成できます．

日本語入力システム (Input Method Editor, IME) は，ユーザが入力した読みに対し複数の解候補を確からしさ順に提示します．ユーザは候補を選択するだけで目的の漢字仮名交じり文にたどり着けます．日本語入力シス

テムが出力する解候補生成に n-best 解析が使えます．n-best 解は人間と機械が協調して目的のタスクをこなす用途にも使われます．

さらに，単語もしくはフレーズの複数の読み候補を列挙する目的で MeCab の n-best 機能が利用可能です[118]．MeCab の読みは，単純なユニグラム頻度から計算されており，常に正しいとは限りません．複数の読み候補を利用することで，読みを利用した文字列マッチング処理の精度が向上します．

[118] ipadic の場合 mecab を -Oyomi オプションで起動すると読みが得られます

9.1.1　n-best 解析の例：MeCab

図 9.1 に MeCab の n-best 解析（通常の解析と読みの出力）の例を示します．-N オプションにて解の個数を指定します．

9.1.2　最小コスト法における n-best 解析

最小コスト法における n-best 解の導出には，各ノードで n 個の解を保持しながらビタビアルゴリズムを実行する**ビームサーチ**と，**前向き DP 後ろ向き A*アルゴリズム** [38] の二つの方法があります．

ビームサーチは，最小コスト法以外にも使える一般的な手法ですが，常に n 個の部分解析結果を保持する必要があり，n が大きくなると実行が困難になります．前向き DP 後ろ向き A*アルゴリズムは，事前に n を決める必要がなく，ラティスから一つずつ解析結果を列挙できるため，n が大きい場合でも動作します．ここでは，後者を説明します．なお，DP は**動的計画法 (Dynamic Programming)** の略で，A*は，「えー・すたー」と読みます．

前向き DP 後ろ向き A*アルゴリズムの理解には，**優先順序付きキュー**と **A*アルゴリズム**の理解が不可欠です．これらの詳細を順を追って説明します．

9.1.2.1　優先順序付きキュー

任意のデータ（要素）を格納したり取り出したりするデータ構造に**スタック**や**キュー**があります．それぞれ**後入れ先出し**，**先入れ先出し**の方式でデータを管理しますが，優先順序付きキューは，要素間に定義された順序で要素が取り出されます．前向き DP 後ろ向き A*アルゴリズムでは，コストを優先順序に用います．すなわち，どのような順番で要素をキューに格納しても，取り出されるときはコストの小さい順（もしくはスコアの大きい順）となります．優先順序付きキューの実装については，本書では立ち入りませんが，ヒープ（正確には，二分ヒープ）を用いることが一般的です．そのため，ヒー

```
% echo 本部長 | mecab -N 10
本部      名詞,一般,*,*,*,*,本部,ホンブ,ホンブ
長        名詞,接尾,一般,*,*,*,長,チョウ,チョー
EOS
本        接頭詞,名詞接続,*,*,*,*,本,ホン,ホン
部長      名詞,一般,*,*,*,*,部長,ブチョウ,ブチョー
EOS

% echo くるまで待つ | mecab -N 10
くる      動詞,自立,*,*,カ変・クル,基本形,くる,クル,クル
まで      助詞,副助詞,*,*,*,*,まで,マデ,マデ
待つ      動詞,自立,*,*,五段・タ行,基本形,待つ,マツ,マツ
EOS
くる      動詞,自立,*,*,五段・ラ行,基本形,くる,クル,クル
まで      助詞,副助詞,*,*,*,*,まで,マデ,マデ
待つ      動詞,自立,*,*,五段・タ行,基本形,待つ,マツ,マツ
EOS
くる      動詞,非自立,*,*,カ変・クル,基本形,くる,クル,クル
まで      助詞,副助詞,*,*,*,*,まで,マデ,マデ
待つ      動詞,自立,*,*,五段・タ行,基本形,待つ,マツ,マツ
EOS
くるま    動詞,自立,*,*,五段・マ行,未然形,くるむ,クルマ,クルマ
で        助動詞,*,*,*,特殊・ダ,連用形,だ,デ,デ
待つ      動詞,自立,*,*,五段・タ行,基本形,待つ,マツ,マツ
EOS
...

% echo 京 | mecab -Oyomi -N2
キョウ
ミヤコ
```

図 9.1 MeCab の n-best 解析（通常の解析と読みの出力）

プと優先順序付きキューは同じ意味で使われることがあります．

9.1.2.2 A*アルゴリズム

A*アルゴリズムは，グラフ上でスタートからゴールまでの最短経路を効率よく探索するアルゴリズムです．グラフ上の最短経路上にあるノード m について，スタートから m までの最小コストを $g^*(m)$, m からゴールまでの最小コストを $h^*(m)$ とすると，m を通る最短経路のコスト $f^*(m)$ は，

$$f^*(m) = g^*(m) + h^*(m) \tag{9.6}$$

となります．しかし，一般には $g^*(m)$ と $h^*(m)$ を正確に計算することはできません．そこで，以下のように $g^*(m)$, $h^*(m)$ について，それらの近似値 $g(m), h(m)$ を考えます．

$$f(m) = g(m) + h(m) \tag{9.7}$$

スタートから順に探索していく過程で，$g(m)$ は $g^*(m)$ に近づけていくことができますが，$h(m)$ は，ゴールにたどり着くまで厳密な値がわかりません．そこで，ドメイン知識を使って $h(m)$ の推定値を与えます．関数 $h(m)$ は一般に**ヒューリスティック関数**と呼ばれます．A*アルゴリズムは，推定値 $f(m)$ が最小になるノードを局所的に選択しながらゴールまでの最短経路を探索します．$h(m)$ が全ての m について $0 \leq h(m) \leq h^*(m)$ を満たすとき，A*アルゴリズムは最適な経路を探索できることが知られています．なお，A*アルゴリズムは，**ダイクストラ(Dijkstra)法**をヒューリスティック関数による推定付きの場合に一般化したものであり，恒等的に $h(m) = 0$ とすれば，ダイクストラ法と一致します．

A*アルゴリズムと優先順序付きキューを組み合わせることでコスト順に n 個の解を得ることができます．以下に手順を示します．

A*アルゴリズム（n-best の列挙）

1. m をスタートとする
2. m を優先順序付きキューに登録（優先度は 0）
3. 以下を n 個の解が得られるまで繰り返す
    (a) 優先順序付きキューからノードを取り出し，それを m とする
    (b) m がゴールのときは解を出力（この順が n-best 解）
    (c) m に隣接する m' について $f(m') \leftarrow g(m') + h(m')$ を計算
    (d) $f(m')$ を優先度として，m' を優先順序付きキューに登録

9.1.2.3 前向き DP 後ろ向き A*アルゴリズム

前向き DP 後ろ向き A*アルゴリズム [38] は二つのフェーズで構成されます．前半では，ビタビアルゴリズムを用いて前向きコストを求めます．後半では，文末から文頭方向に A*アルゴリズムで探索します．このとき，探索方向が通常と逆になることに注意してください．

A*アルゴリズムを適用するには，任意のノード m に対し，m から文頭ま

でのコスト $h(m)$ を精度よく推定する必要があります．前半のビタビアルゴリズムの動作後，ビタビ経路とともに文頭から各ノード m までの最小コスト $cost_{min}(m)$ が副次的に求まります．$cost_{min}(m)$ は，m から文頭までのコスト $h(m)$ の厳密解であるため，これをそのままヒューリスティック関数として用いることで最適解および n-best 解が導出できます．

前向き DP 後ろ向き A*アルゴリズムの概要は以下のようになります．

前向き DP 後ろ向き A*アルゴリズムによる n-best 解の列挙

1. ビタビアルゴリズムを用い各ノードにおける $cost_{min}(m)$（ノード m までの最小コスト）を計算
2. 優先順序付きキューに文末ノード (EOS) を登録
3. $g(EOS) = 0$
4. 以下を n 個の解を得るまで繰り返す
    (a) キューが空の場合はアルゴリズムを停止
    (b) 優先順序付きキューからノードを取り出し，それを m とする
    (c) m が文頭ノード (BOS) の場合，文頭から文末方向に next(m)（m の直後のノードへのポインタ）をたどりノードを列挙し，解とする
    (d) m に左から連接するノード m' について以下を実行
        i. $g(m') \leftarrow g(m) + cost_t(m', m) + cost_e(m')$
        ii. $f(m') \leftarrow g(m') + cost_{min}(m')$　（$h(m') = cost_{min}(m')$ と仮定）
        iii. $\text{next}(m') \leftarrow m$　（m' の直後にあるノードを記憶）
        iv. $f(m')$ を優先度として m' を優先順序付きキューに挿入

$h(m), g(m), f(m)$ は常に厳密値を与えているため，文頭ノードにたどり着く順番は，必ずコストの昇順（スコアの降順）になります．前向き DP 後ろ向き A*アルゴリズムは，解を一つずつ列挙するため，事前に解の個数 n を決める必要がありません．必要に応じて次の解を列挙したり，列挙を停止することができます．原理的には，ラティス上にある全ての解をコストの昇順（スコアの降順）に列挙することが可能です．

9.1.3 点予測法における n-best 解析

点予測法の解候補もラティスとして表現可能です．具体的には，各分割候補位置において単語境界の状態に対応するノードをラティスに登録します．ノードの生起スコアとして単語分割スコア（式 (6.2)）を用います．また，単語境界の状態は互いに独立しているため連接コストは 0 とします．単語境界の状態には，分割するかしないかの二つがあるため，（単語境界候補の箇所 $\times 2 + 2$(文頭/文末)）のノードがラティス中に存在します．ただし，文末/文頭は単語境界が必ずあることを示すダミーのノードです．ラティスとして表現することで，最小コスト法と同様，前向き DP 後ろ向き A* 探索を用いて n-best 候補が列挙できます．

前向き DP 後ろ向き A*探索は，隣接する単語のつながりやすさを考慮する最小コスト法に特化したアルゴリズムです．一方，点予測では，現在の単語境界の決定にその周辺の単語の境界が依存しません．分割が独立であるため，前向き DP 後ろ向き A*アルゴリズムを用いる必要はなく，以下に示す簡単なアルゴリズムで n-best 解を求めることが可能です．

点予測における n-best 解の列挙

1. 最適解 $\mathbf{y}^*$ を求める
2. $\mathbf{y}^*$ をそのスコアを優先度とする優先順序付きキューに登録する
3. 以下を n 個の解を得るまで繰り返す
    (a) キューが空の場合はアルゴリズムを停止する
    (b) 優先順序付きキューから一つの解を取り出し，それを $\mathbf{y}$ とする
    (c) $\mathbf{y}$ を解として出力
    (d) $\mathbf{y}$ 中の各単語境界タグについて，境界の有無を反転した K 個の異なる解 $(\mathbf{y}'_1, \mathbf{y}'_2, \ldots, \mathbf{y}'_K)$ を作る（ただし K は $\mathbf{y}'$ の単語境界タグの個数）
    (e) $\mathbf{y}'_k$ が以前キューに登録されたことがない場合に限り (f) を実行
    (f) $\mathbf{y}'_k$ のスコアを優先度として $\mathbf{y}'_k$ を優先順序付きキューに挿入

前向き DP 後ろ向き A*アルゴリズムが部分解，すなわち探索途中の解をキューに登録していたのに対し，点予測では，完全解 $\mathbf{y}$ を登録しています．本アルゴリズムは，品詞推定にも適用可能です．ステップ (d) にて，境界の

有無を反転させていたところを現在の品詞以外の全品詞に展開した解を作ります．本アルゴリズムは，2^K の分割候補がある解空間について，幅優先探索を用いて次の解を展開しながら探索済み解候補の中から優先順序付きキューがスコアが最大となる解を取り出す，ということを n 回繰り返します．

9.2 ソフト分かち書き

日本語形態素解析，単語分割の工学的な問題の一つに，語の認定単位の曖昧性やずれがあります．例えば，以下の例はどちらの分割も可能であり本質的に曖昧です．

```
本部長　→　本部/長　　vs．本部/長
応援団員　→応援団/員　vs．応援/団員
```

さらに，複合語で表現された固有名詞の分割を一意に定めることは困難な場合があります．

```
横浜市役所　→　横浜/市/役所　vs．横浜市/役所
関西国際空港会社連絡橋　→　関西国際空港会社/連絡/橋　vs.
                        関西国際空港会社/連絡橋　vs.
                        関西国際空港/会社/連絡橋
```

形態素解析，単語分割システム自身も，辞書の不備やノイズの影響から，以下のような一貫性のない分割をすることがあります．

```
成田空港　→　成田空港（一語）
宮崎空港　→　宮崎/空港（二語）
```

分割単位の非一貫性は，応用において検索漏れ等の問題を生みます．例えば，上記の例では，「空港」というクエリに対し，「宮崎空港」を含む文書にはマッチしますが，「成田空港」はマッチしません．とはいえ，最適な分割単位は応用に強く依存することを考えると，工学的に万能な単語単位を得るこ

とは事実上不可能といえるでしょう．

ソフト分かち書き [39] の基本的なアイデアは，解析器が出力する唯一の解だけでなく，可能な全ての解とその出力確率を用いて各単語の**出現期待値**を算出することにあります．形式的には，入力文 $\mathbf{x}$ に対する解析結果 $\mathbf{y}$ が出力される条件付き確率 $P(\mathbf{y}|\mathbf{x})$ を考えます．任意の単語もしくは文字列 m の出現期待値は，式 (9.8) のように，m が $\mathbf{y}$ に含まれる $\mathbf{y}$ のみで $P(\mathbf{y}|\mathbf{x})$ の総和を取ることで計算できます．

$$P(m|\mathbf{x}) = \sum_{\substack{\mathbf{y} \in \mathcal{Y}(\mathbf{x}) \\ \text{ただし } \mathbf{y} \text{ は } m \text{ を含む}}} P(\mathbf{y}|\mathbf{x}) \tag{9.8}$$

ソフト分かち書きの結果は，単語のリストとその出現期待値です．各単語の出現位置にオーバラップがあってもかまいません．ソフト分かち書きの利点を以下にまとめます．

- **全候補の列挙**
  可能な全ての単語分割方法を考慮するため，検索の索引語として用いた場合，検索漏れが起きにくい利点があります．
- **頻度の一般化**
  出現期待値は，入力 $\mathbf{x}$ に形態素 m が出現する確率的な頻度とみなすことができます．そのため，頻度情報を用いる手法（ナイーブベイズ等）の入力としてそのまま用いることができます．
- **分割確率の考慮**
  出現期待値は，分割確率に基づいて計算されます．言語的に妥当な分割に対して大きな期待値が，不適当な分割に対して小さな期待値が与えられます．例えば，「東京都」の中の「京都」の単語頻度は自然に小さくなることが期待されます．
- **形態素解析の一般化**
  条件付き確率の $P(\mathbf{y}|\mathbf{x})$ のなめらかさを制御することで，形態素解析の最適解を 100%信用する従来法と，それらを信用しない単純部分文字列マッチ法を統一的に扱えます．

9.2.1　ソフト分かち書きの例：MeCab

図 9.2 に MeCab のソフト分かち書き解析例を示します．ソフト分かち書きを有効にするには，-m (周辺確率の出力) -a (全ノードの出力) -t (逆温度

```
% echo 本部長 | mecab
本部     名詞,一般,*,*,*,*,本部,ホンブ,ホンブ
長       名詞,接尾,一般,*,*,*,長,チョウ,チョー
EOS

% echo 本部長 | mecab -F "%m\t%H\t%P\n" -m -a -t 0.0007
本部     名詞,固有名詞,地域,一般,*,*,本部,モトブ,モトブ       0.027843
本部     名詞,一般,*,*,*,*,本部,ホンブ,ホンブ                   0.626630
本       名詞,接尾,助数詞,*,*,*,本,ホン,ホン                    0.000381
本       名詞,固有名詞,地域,一般,*,*,本,モト,モト               0.000730
本       名詞,固有名詞,地域,一般,*,*,本,ホン,ホン               0.003231
本       名詞,固有名詞,人名,姓,*,*,本,モト,モト                 0.008408
本       名詞,一般,*,*,*,*,本,モト,モト                         0.001879
本       名詞,一般,*,*,*,*,本,ホン,ホン                         0.050786
本       接頭詞,名詞接続,*,*,*,*,本,ホン,ホン                   0.280112
部長     名詞,一般,*,*,*,*,部長,ブチョウ,ブチョー               0.343598
部       名詞,接尾,一般,*,*,*,部,ブ,ブ                          0.001206
部       名詞,接尾,助数詞,*,*,*,部,ブ,ブ                        0.000065
部       名詞,一般,*,*,*,*,部,ブ,ブ                             0.000658
長       名詞,接尾,一般,*,*,*,長,チョウ,チョー                  0.626914
長       名詞,固有名詞,地域,一般,*,*,長,オサ,オサ               0.001108
長       名詞,固有名詞,地域,一般,*,*,長,チョウ,チョー           0.001647
長       名詞,固有名詞,地域,一般,*,*,長,ナガ,ナガ               0.001358
長       形容詞,自立,*,*,形容詞・アウオ段,ガル接続,長い,ナガ,ナ
ガ       0.007645
長       名詞,固有名詞,人名,姓,*,*,長,チョウ,チョー             0.002129
長       名詞,固有名詞,人名,名,*,*,長,オサム,オサム             0.001867
長       名詞,一般,*,*,*,*,長,オサ,オサ                         0.005060
長       名詞,一般,*,*,*,*,長,チョウ,チョー                     0.007925
長       接頭詞,名詞接続,*,*,*,*,長,チョウ,チョー               0.000400
長       接頭詞,名詞接続,*,*,*,*,長,ナガ,ナガ                   0.000350
EOS
```

図 9.2 ソフト分かち書きの解析例

[119] MeCab のコストファクターが 700 であるため，逆温度パラメータとして 0.007～1/700/2.0 を与えました．

パラメータ) を指定して起動します[119]．逆温度パラメータの詳細は，9.2.2 項で述べます．さらに，出力フォーマット %P を指定することで期待頻度（周辺確率）を表示しています．最適解の「本部_長」の他に「本_部長」にも確率値が割り当てられています．

9.2.2 最小コスト法におけるソフト分かち書き

最初コスト法に基づく形態素解析では，式 (9.9) で示す指数分布を用いて条件付き確率 $P(\mathbf{y}|\mathbf{x})$ を計算します．

$$P(\mathbf{y}|\mathbf{x}) = \frac{\exp(-cost(\mathbf{x}, \mathbf{y}) \cdot \theta))}{Z} \qquad (9.9)$$

ただし，$cost(\mathbf{x}, \mathbf{y})$ は入出力 $(\mathbf{x}, \mathbf{y})$ に対するコスト値，$\theta \in \mathbb{R}^+$ は逆温度定数です．Z は，$Z = \sum_{\mathbf{y} \in \mathcal{Y}(\mathbf{x})} \exp(-cost(\mathbf{x}, \mathbf{y}) \cdot \theta)$，すなわち確率の和を 1 とするための正規化項です．

式 (9.9) において，$h(\mathbf{x}, \mathbf{y}) = -cost(\mathbf{x}, \mathbf{y}) \cdot \theta$ と変形すると，条件付き確率場の式 (5.35) が導出できます．つまり式 (9.9) は，本質的に条件付き確率場と等価です．ここでは，任意の最小コスト法に基づく形態素解析が与えられたときに，それぞれの解 $\mathbf{y}$ の出力確率 $P(\mathbf{y}|\mathbf{x})$ を計算する目的で条件付き確率場と同じ定式化（式 (9.9)）を用いました．

$\theta \in \mathbb{R}^+$ は，分割確率のなめらかさを制御する逆温度定数です．$\theta \to 0$ のとき，各出力確率 $P(\mathbf{y}|\mathbf{x})$ は均一になります．逆に $\theta \to \infty$ のとき，ビタビ経路 $\mathbf{y}^*$ の出力確率を 1 にし，残りを 0 にするような効果が得られます．

ソフト分かち書きは，入力 $\mathbf{x}$ 中の任意の単語 m についてその周辺確率 $P(m|\mathbf{x})$ を計算します．最小コスト法の場合，m はラティス中の任意のノードに対応します．

$$P(m|\mathbf{x}) = \sum_{\substack{\mathbf{y} \in \mathcal{Y}(\mathbf{x}) \\ \mathbf{y} \text{ は } m \text{ を通る}}} \frac{\exp(-cost(\mathbf{x}, \mathbf{y}) \cdot \theta))}{Z} \qquad (9.10)$$

式 (9.10) は，条件付き確率場の学習に用いる前向き後ろ向きアルゴリズム（式 (5.46)）と同じ形をしています．周辺確率は，前向きスコア α_m と後ろ向きスコア β_m を用いて式 (9.11) のように計算できます．

$$P(m|\mathbf{x}) = \frac{\alpha_m \cdot \beta_m}{Z} \qquad (9.11)$$

9.2.3 点予測法におけるソフト分かち書き

点予測は，位置 i の単語境界が他の境界と独立に決定します．このことから，期待値は各単語境界の分割確率の積として容易に計算することができます．

まず，i に単語境界 $(+1)$ が存在するスコア $\mathbf{w} \cdot \phi(\mathbf{x}, i)$ をシグモイド関数を用いて確率値に変換します

$$p(+1|\mathbf{x}, i) = \frac{1}{1 + \exp(-\theta \cdot \mathbf{w} \cdot \phi(\mathbf{x}, i))} \qquad (9.12)$$

$\theta \in \mathbb{R}^+$ は，分割確率のなめらかさを制御する逆温度定数です．$\theta \to 0$ のとき，$p(+1|\mathbf{x}, i) = 1/2$ となり，全単語境界が一様に分布します．$\theta \to \infty$ のと

き，$p(+1|\mathbf{x},i) = (1 + \text{sign}(\mathbf{w}\cdot\phi(\mathbf{x},i)))/2$ となり，分割する (1)，しない (0) の二者択一の分布に漸近します[120]．

入力文 $\mathbf{x}$ 中の位置 b から e $(b < e)$ までが単語である確率 $P(b,e|\mathbf{x})$ は，以下の条件の積として計算できます．

- b に単語境界がある
- $b+1$ から $e-1$ まで単語境界がない
- e に単語境界がある

すなわち

$$P(b,e|\mathbf{x}) = p(+1|\mathbf{x},b) \cdot \Big(\prod_{k=b+1}^{e-1}(1 - p(+1|\mathbf{x},k))\Big) \cdot p(+1|\mathbf{x},e) \quad (9.13)$$

となります．

最小コスト法がラティス中の単語の周辺確率しか計算できないのに対し，点予測法は，入力文 $\mathbf{x}$ 中の全ての部分文字列の周辺確率が計算可能です．ただし，部分文字列の個数は入力文長の 2 乗に比例するため，全ての周辺確率を計算するのは現実的ではありません．実応用では，周辺確率が事前に決めた閾値以上になる単語のみを抽出するといった工夫が必要です．

点予測法におけるソフト分かち書きは，コーパスからの語彙獲得に有効です．逆温度パラメータは，獲得される語彙の精度と再現率のトレードオフを制御します．逆温度パラメータを大きくすると，精度が高くなりますが，獲得漏れが多くなります．逆に小さくすると，解析誤りを多少認めながら，より多くの語彙を獲得できるようになります．

9.3 制約付き解析

単語境界や品詞の一部が事前にわかっているとき，それらの制約を満たすような解を出力する機能を**制約付き解析**と呼びます．制約付き解析は，主に 3 つの用途があります．

- **分割単位の異なる複数の言語処理システムの統合**
実応用では，形態素解析以外にもさまざまな言語処理を，同時にあるいは直列に動かすことがあります．それぞれが独自の単分割単位で解析を行

---

[120] $\mathbf{w}\cdot\phi(\mathbf{x},i) > 0$ のとき，$\lim_{\theta\to\infty} p(+1|x_i) = 1$，$\mathbf{w}\cdot\phi(\mathbf{x},i) < 0$ のとき，$\lim_{\theta\to\infty} p(+1|x_i) = 0$ となります．ここでは二つの条件を一つの式で表しています．

うと，ユーザは複数の結果を統合する必要があり，処理の手間が増えます．他のシステムの結果を制約として用いることで，単語境界を別処理として統合する必要がなくなります．

- 精度向上
  現在の形態素解析，単語分割システムではどうしても解決できない曖昧性の解消を他のシステムが行える場合，これを制約として与えることで，解析精度の向上が実現できます．
- オラクルコストの算出
  正解（オラクル）が出力されるときの解析コストをオラクルコストと呼びます．最小コスト法では，解析結果に誤りがある場合，オラクルコストは解析結果のコストより大きくなります．オラクルコストと解析結果のコストの差からその誤りがどの程度致命的なのか，どの程度現在のコストを更新すれば正解が得られるかがわかります．この特徴を利用して，単語追加時のおおまかな生起コストを推定できます．

9.3.1 制約付き解析の例：MeCab

MeCab は，-p (–partial) オプション付きで起動することで制約付き解析機能を有効にできます．制約付き解析機能は，もともと ChaSen にて最初に実装されました．MeCab の制約付き解析機能は，ChaSen の制約指定方法を参考にしています．制約付き解析では，デフォルト出力と似たフォーマットで制約を記述し，それを MeCab の入力とします．各行は以下のいずれかに該当します．

- 文断片：文の断片です．制約がないときと同じように通常の形態素解析が行われます．文断片は複数の形態素に分割されることはありますが，文断片をまたぐような形態素は出力されません．
- 形態素断片：それ以上分割されない，ただ一つの形態素です．この断片がそのまま出力されます．形態素断片は必ず以下のフォーマットで記述する必要があります．

```
見出し語\t 素性パターン
```

タブがない場合は，文断片として処理されます．

- **EOS**: 文の終わりを示すマークです．文の終わりには必ず指定してください．

以下に，制約の記述例を示します．素性パターンに * が指定されると，その単語で切り出し，品詞は適当に最適なものを付与します．

```
にわ      *
に        *
はにわ    *
にわとり        *
が        *
いる      *
EOS
```

この例を制約に用いた場合と用いなかった場合の解析結果を以下に示します．制約どおりの分割が行われていることが確認できます．

```
% echo にわにはにわにわとりがいる | mecab
に        助詞,格助詞,一般,*,*,*,に,ニ,ニ
わに      名詞,一般,*,*,*,*,わに,ワニ,ワニ
はにわ    名詞,一般,*,*,*,*,はにわ,ハニワ,ハニワ
にわとり        名詞,一般,*,*,*,*,にわとり,ニワトリ,ニワトリ
が        助詞,格助詞,一般,*,*,*,が,ガ,ガ
いる      動詞,自立,*,*,一段,基本形,いる,イル,イル
EOS

% mecab -p < input
にわ      名詞,一般,*,*,*,*,*
に        助詞,格助詞,一般,*,*,*,に,ニ,ニ
はにわ    名詞,一般,*,*,*,*,はにわ,ハニワ,ハニワ
にわとり        名詞,一般,*,*,*,*,にわとり,ニワトリ,ニワトリ
が        助詞,格助詞,一般,*,*,*,が,ガ,ガ
いる      動詞,自立,*,*,一段,基本形,いる,イル,イル
EOS
```

以下のように，品詞そのものを素性パターンに指定することもできます．

```
にわ      *
に        助詞
はにわ    *
にわとり        *
```

```
が          接続詞
いる        *,非自立
EOS
```

素性パターンを指定しないと，そのトークンは文断片となり，制約がないときと同じように解析されます．文断片は複数の形態素に分割されることはありますが，文断片をまたぐような形態素は出力されません．

```
にわ
には
にわ
にわとり
がいる
EOS
```

9.3.2 最小コスト法における制約付き解析

最小コスト法における制約付き解析は，ラティス構造の枝刈り，もしくはラティスへの新ノードの追加として実装できます．まず，制約を考えずに入力テキストに対するラティスを構築します．その後，制約に合致しないノードをラティスから削除します．制約に合致しないノードとしては以下が考えられます．

- 制約の単語境界をまたぐノード
- 制約の単語非境界から始まるノード
- 制約の単語非境界で終わるノード
- 制約の品詞にマッチしないノード

前後の境界が指定された形態素が制約として与えられている場合は，それらを新しいノードとしてラティスに追加します．これらの処理の後，文頭から文末への経路が一つ以上存在すれば，ビタビアルゴリズムによって最適解を求めることができます．

文頭から文末への有効な経路が一つも存在しない場合，未知語処理を用いてダミーノードを追加します．具体的には，単語の開始，終了位置が指定されている場合はその範囲に対して，指定されていない場合は，有効なノードが存在しない入力文の範囲に対して未知語処理を適用します．ダミーノードが

追加されることで，文頭から文末まで一つ以上の解が存在する完全なラティスが構築されます．

9.3.3 点予測法における制約付き解析

点予測法は，各単語境界が他の境界と独立に決定されます．つまり，通常どおり最適解を求めた後，制約が与えられた箇所のみを制約解に書き換えるだけで制約付き解析が実現できます．

実装は極めて簡単ですが，制約が他の単語境界に影響を与えないため，制約の効果を最大限活用することができません．入力によっては文法的に正しくない解析結果が出力されることがあります．例えば，「東京都」を無理やり「東_京都」と解釈させるような制約を考えてみましょう．最小コスト法では，「東」と「京都」の境界に強制的に単語境界を与えることで，全体の解候補を考慮しながら次点の解析結果である「東_京都」を出力することができます．一方，点予測は，最適解である「東京_都」の「東京」のみ単語境界が変更されるため，解析結果は「東_京_都」となります．点予測法における制約付き解析は，他のシステムとの分割境界の整合性を保つ目的には有効ですが，精度向上に有効とはいえません．

9.4 部分注釈付きコーパスからの学習

機械学習に基づく形態素解析，単語分割システムの精度を向上させる最も有効な方法は，注釈付きコーパスを拡充することです．しかし，解析誤りは文のほんの一部である場合が多く，文全体に対してゼロから注釈を付与することは効率がよくありません．また，文全体への注釈付けには，単語分割基準を熟知し対象テキストの分野の知識を有する作業者が必要となります．このような作業者の確保は困難を極めます．もし，誤って解析された箇所を限定的に修正したコーパスから学習ができれば，迅速かつ低コストでシステムの精度向上が実現できます．このように，コーパス中のある特定の箇所に絞って注釈を付与したコーパスを**部分注釈付きコーパス**と呼びます．部分注釈付きコーパスからの学習は，解析誤りの修正やドメイン適応に有益な機能です．

9.4.1 最小コスト法における部分注釈からの学習

最小コスト法は，文全体を一度に最適化する手法であるため，部分注釈済みコーパスから学習する一般的な手法はありません．ただし，特定のコスト推定法に依存した学習法は近似的な手法も含め提案されています．

坪井らは，注釈がない箇所の単語分割，品詞同定を隠れ変数とし，それらを周辺化することで条件付き確率場の重みベクトルを学習する手法を提案しています [40]．しかし，周辺化の計算は文全体を考慮する必要があり，完全注釈と同程度かそれ以上の学習時間を要します．ただでさえ複雑な条件付き確率がさらに複雑になり実装の検証が困難です．

パーセプトロンや構造化サポートベクトルマシンを用いた場合は，部分注釈を解析の制約として用いることで重みベクトルの学習が行えます．学習データ $(\mathbf{x}_i, \mathbf{y}_i)$ について，通常の学習は完全に注釈が付いたデータ $\mathbf{y}_i$ を正解として重みを更新します．部分注釈では，注釈がある箇所はそれを尊重し，それ以外は現在の解析器の結果を用いた擬似的な正解データ $\mathbf{y}_i^*$ で重みを更新します．

$$\mathbf{y}_i^* = \mathop{\arg\max}_{\substack{\mathbf{y} \in \mathcal{Y}(\mathbf{x}) \\ \mathbf{y} \text{ は } \mathbf{y}_i \text{の注釈を満たす}}} \mathbf{w} \cdot \phi(\mathbf{x}_i, \mathbf{y}) \tag{9.14}$$

式 (9.14) は，通常の解析アルゴリズム（ビタビアルゴリズム）を制約付き解析に置き換えることで実現できます．ただし，注釈が与えられていない箇所の結果が常に正しいとは限らないため，隠れ変数として周辺化する条件付き確率場に比べ精度が劣ることがあります．**アルゴリズム 6** に，部分注釈済みコーパスを用いた際のパーセプトロンによる重み推定アルゴリズムを示します．学習データ $\mathbf{y}_i$ に完全注釈が付与されていると $\mathbf{y}_i^* = \mathbf{y}_i$ となるため，部分注釈に基づく学習は，完全注釈の一般化になっています．

9.4.2 点予測法における部分注釈からの学習

点予測法は，各単語境界ごとに独立に学習，予測を行うため，部分注釈からの学習に特別な処理を導入する必要はありません．部分注釈がついた単語境界，品詞からのみ学習し，それ以外は無視します．それぞれの分割境界，品詞に依存関係がないため，最小コスト法に比べ部分注釈による副作用が小さい利点があります．点予測法に基づく単語分割システム KyTea は部分注釈済みコーパスからの学習をサポートしています．

> **アルゴリズム 6** パーセプトロンによる部分注釈済みデータからの学習

$\mathbf{w}^1 \leftarrow 0$ ▷ 重みベクトルの初期化
$t \leftarrow 1$
for $i = 1, 2, \ldots, |D|$ **do** ▷ 各事例ごとに重みを更新
　　$\mathbf{y}_i^* = \arg\max_{\substack{\mathbf{y} \in \mathcal{Y}(\mathbf{x}) \\ \mathbf{y} \text{ は } \mathbf{y}_i \text{ の注釈を満たす}}} \mathbf{w}^t \cdot \phi(\mathbf{x}_i, \mathbf{y})$ ▷ 制約付き解析により $\mathbf{y}_i^*$ を導出
　　$\mathbf{y}^* = \arg\max_{\mathbf{y} \in \mathcal{Y}(\mathbf{x})} \mathbf{w}^t \cdot \phi(\mathbf{x}_i, \mathbf{y})$ ▷ ビタビアルゴリズムにより $\mathbf{y}^*$ を導出
　　if $\mathbf{w}^t \cdot (\phi(\mathbf{x}_i, \mathbf{y}^*) - \phi(\mathbf{x}_i, \mathbf{y}_i^*)) \geq 0$ **then**
　　　　$\mathbf{w}^{t+1} \leftarrow \mathbf{w}^t - \eta(\phi(\mathbf{x}_i, \mathbf{y}^*) - \phi(\mathbf{x}_i, \mathbf{y}_i^*))$
　　　　$t \leftarrow t + 1$
　　end if
end for

部分注釈からの学習は，継続的なモデルの更新や解析誤りの修正に欠かせない機能です．開発者以外の使用を想定し，実装が簡単で動作がわかりやすい手法が望まれます．その点を考慮すると，点予測は部分注釈からの学習に最も適した手法だといえます．

9.5 まとめ

本章では，n-best 解析，ソフト分かち書き，制約付き解析，部分注釈付きコーパスからの学習方法といった高度な解析・学習手法を解説しました．応用例について簡単に説明しましたが，これらをどう使うかはユーザ次第です．これらの高度な解析手法を基にした面白いアイデアや応用が生まれることを期待しています．

付録

A.1 条件付き確率場の勾配の導出方法

条件付き確率場の勾配は式 (A.1) で与えられます.

$$
\begin{aligned}
\nabla l_{crf}(\mathbf{w}, \mathbf{x}, \mathbf{y}) &= \frac{\partial}{\partial \mathbf{w}}\Big(-\log(P(\mathbf{y}|\mathbf{x}))\Big) \\
&= \frac{\partial}{\partial \mathbf{w}}\Big(-\mathbf{w} \cdot \phi(\mathbf{x}, \mathbf{y})\Big) + \frac{\partial}{\partial \mathbf{w}} \log(Z)
\end{aligned}
\quad (A.1)
$$

第1項は,各次元 w_k を個別に微分した値を再度ベクトルとして取り出せばよいので,式 (A.2) のようになります.

$$
\frac{\partial(-\mathbf{w} \cdot \phi(\mathbf{x}, \mathbf{y}))}{\partial \mathbf{w}} = -\phi(\mathbf{x}, \mathbf{y}) \quad (A.2)
$$

次に,第2項を計算します.この値を計算するには,$\log(x)$ の微分と,合成関数の微分を用いる必要があります.$\frac{\partial \log(x)}{\partial x} = 1/x$ となることと,合成関数 $f(g(x))$ の微分 $\frac{\partial f(g(x))}{\partial x} = f'(g(x))g'(x)$ となることを用いると,$\log(Z)$ の微分は以下のように変形できます.ただし f' は関数 f の微分としました.

$$
\begin{aligned}
\frac{\partial \log(Z)}{\partial \mathbf{w}} &= \frac{\partial}{\partial \mathbf{w}} \log\Big(\sum_{\mathbf{y} \in \mathcal{Y}(\mathbf{x})} \exp(\mathbf{w} \cdot \phi(\mathbf{x}, \mathbf{y}))\Big) \\
&= \frac{1}{\sum_{\mathbf{y} \in \mathcal{Y}(\mathbf{x})} \exp(\mathbf{w} \cdot \phi(\mathbf{x}, \mathbf{y}))} \cdot \frac{\partial}{\partial \mathbf{w}} \Big(\sum_{\mathbf{y} \in \mathcal{Y}(\mathbf{x})} \exp(\mathbf{w} \cdot \phi(\mathbf{x}, \mathbf{y}))\Big) \\
&= \frac{1}{Z} \cdot \frac{\partial}{\partial \mathbf{w}} \Big(\sum_{\mathbf{y} \in \mathcal{Y}(\mathbf{x})} \exp(\mathbf{w} \cdot \phi(\mathbf{x}, \mathbf{y}))\Big) \\
&= \frac{1}{Z} \cdot \sum_{\mathbf{y} \in \mathcal{Y}(\mathbf{x})} \frac{\partial}{\partial \mathbf{w}} \exp(\mathbf{w} \cdot \phi(\mathbf{x}, \mathbf{y}))
\end{aligned}
$$

さらに,$\frac{\partial \exp(x)}{\partial x} = \exp(x)$ となることと,合成関数の微分を再度適用するこ

とで，以下のように展開できます．

$$\frac{\partial \log(Z)}{\partial \mathbf{w}} = \frac{1}{Z} \cdot \sum_{\mathbf{y} \in \mathcal{Y}(\mathbf{x})} \frac{\partial}{\partial \mathbf{w}} \exp(\mathbf{w} \cdot \phi(\mathbf{x}, \mathbf{y}))$$

$$= \frac{1}{Z} \cdot \sum_{\mathbf{y} \in \mathcal{Y}(\mathbf{x})} \exp(\mathbf{w} \cdot \phi(\mathbf{x}, \mathbf{y})) \cdot \frac{\partial}{\partial \mathbf{w}} \mathbf{w} \cdot \phi(\mathbf{x}, \mathbf{y})$$

$$= \frac{1}{Z} \cdot \sum_{\mathbf{y} \in \mathcal{Y}(\mathbf{x})} \exp(\mathbf{w} \cdot \phi(\mathbf{x}, \mathbf{y})) \cdot \phi(\mathbf{x}, \mathbf{y})$$

$$= \sum_{\mathbf{y} \in \mathcal{Y}(\mathbf{x})} P(\mathbf{y}|\mathbf{x}) \cdot \phi(\mathbf{x}, \mathbf{y})$$

第 1 項と第 2 項の和が求める勾配であるため，式 (A.3) が導出できます．

$$\nabla l_{crf}(\mathbf{w}, \mathbf{x}, \mathbf{y}) = -\phi(\mathbf{x}, \mathbf{y}) + \sum_{\mathbf{y} \in \mathcal{Y}(\mathbf{x})} \phi(\mathbf{x}, \mathbf{y}) P(\mathbf{y}|\mathbf{x}) \quad (A.3)$$

A.2 logsumexp

条件付き確率場では，指数 $\exp(x)$ を計算する場面が多く出てきます．指数の計算は愚直に行うとオーバーフローの問題が発生します．x が大きくなると $\exp(x)$ の値が非常に大きくなり浮動小数点で表現できる限界を超えてしまうからです．オーバーフローを回避する常套手段は，指数ではなく対数として計算することです．すなわち，$\exp(x)$ ではなく，$\log(\exp(x)) = x$ のままで計算します．条件付き確率場では，$\exp(x) + \exp(y)$ のように指数の和の計算が頻出します．これを対数として計算する，すなわち，$\log(\exp(x) + \exp(y))$ をオーバーフローを起こさないように計算できれば，条件付き確率場に必要な指数の演算を対数だけで計算できます．このテクニックは **logsumexp** と呼ばれています．

logsumexp の定義上，x と y を入れ替えても同値であるため，ここでは $x > y$ の場合を考えます．

$$\exp(x) + \exp(y) = \exp(x)(1 + \exp(y)/\exp(x))$$
$$= \exp(x)(1 + \exp(y - x))$$

```cpp
double logsumexp(double x, double y, bool flg) {
  if (flg) return y;  // 初期化モード
  constexpr double MINUS_LOG_EPSILON = 40.0;
  const double vmin = std::min<double>(x, y);
  const double vmax = std::max<double>(x, y);
  if (vmax > vmin + MINUS_LOG_EPSILON) {
    return vmax;
  } else {
    return vmax + std::log(std::exp(vmin - vmax) + 1.0);
  }
}
```

図 **A.1** logsumexp の C++ による実装

```cpp
const std::vector<double> a = {1.0, 0.5, 0.2, 0.3};
double z = 0.0;  // logsumexp(a[0], a[1], a[2], a[3])
for (size_t i = 0; i < a.size(); ++i) {
  z = logsumexp(z, a[i], i == 0);
}
```

図 **A.2** 配列に対して logsumexp を適用

であることから，

$$\begin{aligned}
\mathrm{logsumexp}(x,y) &= \log(\exp(x)+\exp(y)) \\
&= \log(\exp(x)(1+\exp(y-x))) \\
&= \log(\exp(x)) + \log(1+\exp(y-x)) \\
&= x + \log(1+\exp(y-x))
\end{aligned}$$

と変形できます．$x > y$ から，$\exp(y-x)$ は，負の値の指数となり小さな値になります．すなわち，オーバーフローの問題を取り除くことができました．logsumexp は三つの変数以上に対しても段階的に適用可能です．

$$\log(\exp(x)+\exp(y)+\log(z)) = \mathrm{logsumexp}(\mathrm{logsumexp}(x,y),z)$$

logsumexp の C++ コードを図 A.1 に示します．このコードでは，x と y の絶対値の差が極端に大きいときは指数の計算を省略しています．

また，最後の flg 引数を用いることで，図 A.2 のように logsumexp を配列に対して適用することができます．

logsumexp は，log や exp の計算を多用するため，計算速度が遅い問題があります．確率の log をとらずに，そのまま計算し，オーバー/アンダーフローが起きそうになったら，確率値をリスケーリングする（確率値を定数と正規化された確率の積で表す）ことで，前向き，後ろ向き確率の計算を高速化できることが知られています．また，より大きな（小さな）実数を扱える浮動小数点型を独自に設計することで，計算速度を向上させる試みもあります．

参考文献

[1] John Lafferty, Andrew McCallum, and Fernando Pereira. Conditional Random Fields: Probabilistic Models for Segmenting and Labeling Sequence Data. In *Proceedings of the Eighteenth International Conference on Machine Learning (ICML)*, pp. 282–289, 2001.

[2] Sepp Hochreiter and Jürgen Schmidhuber. Long short-term memory. *Neural computation*, Vol. 9, No. 8, pp. 1735–1780, 1997.

[3] Minh-Thang Luong, Hieu Pham, and Christopher D Manning. Effective approaches to attention-based neural machine translation. In *Proceedings of the conference on Empirical Methods in Natural Language Processing (EMNLP)*, 2015.

[4] Yonghui Wu, Mike Schuster, et al. Google's neural machine translation system: Bridging the gap between human and machine translation. *arXiv preprint arXiv:1609.08144*, 2016.

[5] Alexander M Rush, Sumit Chopra, and Jason Weston. A neural attention model for abstractive sentence summarization. In *Proceedings of the conference on Empirical Methods in Natural Language Processing (EMNLP)*, 2015.

[6] Mike Schuster and Kaisuke Nakajima. Japanese and Korean voice search. In *IEEE International Conference on Acoustics, Speech and Signal Processing (ICASSP)*, pp. 5149–5152. IEEE, 2012.

[7] Rico Sennrich, Barry Haddow, and Alexandra Birch. Neural Machine Translation of Rare Words with Subword Units. In *Proceedings of the Annual Meeting of the Association for Computational Linguistics (ACL)*, pp. 1715–1725, 2016.

[8] 小椋秀樹, 冨士池優美. 『現代日本語書き言葉均衡コーパス』利用の手引

第 1.1 版 第 5 章形態論情報.

[9] Mitchell P. Marcus, Mary Ann Marcinkiewicz, and Beatrice Santorini. Building a Large Annotated Corpus of English: The Penn Treebank. *Computational linguistics*, Vol. 19, No. 4, pp. 313–330, 1993.

[10] 黒橋禎夫, 長尾眞. 京都大学テキストコーパス・プロジェクト, 1997.

[11] 益岡隆志, 田窪行則, 『基礎日本語文法 改訂版』, くろしお出版, 1992.

[12] 佐藤敏紀, 橋本泰一, 奥村学. 単語分かち書き用辞書生成システム NEologd の運用：文書分類を例にして, 2016.

[13] 矢野啓介. プログラマのための文字コード技術入門. WEB+DB PRESS plus, 2010.

[14] Philipp Koehn. *Statistical Machine Translation*. Cambridge University Press, 2010.

[15] 青江順一. ダブル配列による高速ディジタル検索アルゴリズム. Vol. J71-D, No. 9, pp. 1592–1600, 1988.

[16] Manabu Sassano. Deterministic Word Segmentation Using Maximum Matching with Fully lexicalized rules. In *Proceedings of the Annual Meeting of the Association for Computational Linguistics (ACL)*, pp. 79–83, 2014.

[17] Eric Brill. Transformation-based error-driven learning and natural language processing: A case study in part-of-speech tagging. *Computational linguistics*, Vol. 21, No. 4, pp. 543–565, 1995.

[18] 徳永拓之. 日本語入力を支える技術. WEB+DB PRESS plus, 2012.

[19] 岡野原大輔. 『高速文字列解析の世界――データ圧縮・全文検索・テキストマイニング（確率と情報の科学）』, 岩波書店, 2012.

[20] Naila Rahman, Rajeev Raman, et al. Engineering the LOUDS succinct tree representation. In *International Workshop on Experimental and Efficient Algorithms*, pp. 134–145. Springer, 2006.

[21] 久光徹, 新田義彦. 接続コスト最小法による形態素解析の提案と計算量の評価について. 電子情報通信学会技術研究報告, Vol. 90, No. 116, pp. 17–24, 1990.

[22] Andrew J Viterbi. Error bounds for convolutional codes and an asymptotically optimum decoding algorithm. In *The Foundations of the Digital Wireless World: Selected Works of AJ Viterbi*, pp. 41–50. World Scientific, 2010.

[23] 浅原正幸, 松本裕治. 形態素解析のための拡張統計モデル. 情報処理学会論文誌, Vol. 43, No. 3, pp. 685–695, 2002.

[24] Michael Collins. Discriminative training methods for hidden Markov models: Theory and experiments with perceptron algorithms. In *Proceedings of the conference on Empirical Methods in Natural Language Processing (EMNLP)*, pp. 1–8, 2002.

[25] Gökhan BakIr. *Predicting structured data*. MIT press, 2007.

[26] Ioannis Tsochantaridis, Thorsten Joachims, Thomas Hofmann, and Yasemin Altun. Large margin methods for structured and interdependent output variables. *Journal of Machine Learning Research*, Vol. 6, No. Sep, pp. 1453–1484, 2005.

[27] Taku Kudo, Kaoru Yamamoto, and Yuji Matsumoto. Applying Conditional Random Fields to Japanese Morphological Analysis. In *Proceedings of the conference on Empirical Methods in Natural Language Processing (EMNLP)*, Vol. 4, pp. 230–237, 2004.

[28] John Duchi and Yoram Singer. Efficient online and batch learning using forward backward splitting. *Journal of Machine Learning Research*, Vol. 10, No. Dec, pp. 2899–2934, 2009.

[29] Adwait Ratnaparkhi. A maximum entropy model for part-of-speech tagging. In *Proceedings of the conference on Empirical Methods in Natural Language Processing (EMNLP)*, Vol. 1, pp. 133–142, 1996.

[30] 北内啓, 山下達雄, 松本裕治. 日本語形態素解析システムへの可変長連接規則の実装. 言語処理学会第 3 回年次大会発表論文集, 1997.

[31] 山地治, 黒橋禎夫, 長尾真. 連語登録による形態素解析システム JUMAN の精度向上. 言語処理学会第 2 回年次大会発表論文集, 1996.

[32] 森信介, 中田陽介, NEUBIG Graham, 河原達也. 点予測による形態素解析. 自然言語処理, Vol. 18, No. 4, pp. 367–381, 2011.

[33] 笹野遼平, 黒橋禎夫, 奥村学. 日本語形態素解析における未知語処理の一手法―既知語から派生した表記と未知オノマトペの処理―. 自然言語処理, Vol. 21, No. 6, pp. 1183–1205, 2014.

[34] 斉藤いつみ, 貞光九月, 浅野久子, 松尾義博. 文字列正規化パタンの獲得と崩れ表記正規化に基づく日本語形態素解析. 自然言語処理, Vol. 24, No. 2, pp. 297–314, 2017.

[35] 中澤敏明, 河原大輔, 黒橋禎夫. 日本語辞書整備のための日本語カタカナ

複合名詞の自動分割. 第 11 回言語処理学会年次大会, 2005.

[36] 村脇有吾, 黒橋禎夫. 形態論的制約を用いたオンライン未知語獲得. 自然言語処理, Vol. 17, No. 1, pp. 55–75, 2010.

[37] 高橋文彦, 颯々野学. 情報検索のための単語分割一貫性の定量的評価. 第 22 回言語処理学会年次大会, 2016.

[38] Masaaki Nagata. A Stochastic Japanese Morphological Analyzer Using a forward-DP backward-A* N-best Search Algorithm. In *Proceedings of the 15th Conference on Computational Linguistics (COLING)*, pp. 201–207, 1994.

[39] 工藤拓. 形態素周辺確率を用いた分かち書きの一般化とその応用. 言語処理学会第 11 回年次大会発表論文集, pp. 592–595, 2005.

[40] 坪井祐太, 森信介, 鹿島久嗣, 小田裕樹, 松本裕治ほか. 日本語単語分割の分野適応のための部分的アノテーションを用いた条件付き確率場の学習. 情報処理学会論文誌, Vol. 50, No. 6, pp. 1622–1635, 2009.

索　引

affix, 2
annotated corpus, 24
ASCII, 41
BCCWJ, 23, 36
BNC, 23
bound morpheme, 2
BPE, 13
ChaSen, 7, 8, 27, 35, 79, 97, 126, 173
Code Set Independent, 45, 46
Common Prefix Search, 83
CSI, 45, 46
Darts-clone, 72, 74, 83
DBM, 61
derivational affix, 2
Dijkstra, 165
FOBOS, 119
free morpheme, 2
iconv, 43
ICU, 55, 56
Igo, 8
indicator function, 101
inflectional affix, 2
ipadic, 5, 7, 8, 18, 29, 33, 40
JISX0208, 43
JUMAN, 6, 7, 26, 35, 38–40, 62, 79, 92, 126, 155
kagome, 75
KNB コーパス, 34
KNP, 6, 35, 94

Kuromoji, 8
KWDLC コーパス, 34
KyTea, 9, 13, 22, 152
logsumexp, 115
LOUDS, 78
LSTM, 12, 13
MeCab, 3, 5, 7, 8, 12, 13, 15, 22, 27, 33, 35, 48, 76, 88, 91, 93, 116, 120, 123, 147, 152, 155, 157, 173
mecab-system-eval, 157
mmap, 74
morpheme, 1
Mozc, 75
NAIST-jdic, 29
n-best, 162, 163, 165–167
NEologd, 29, 34, 155
NFC, 54
NFD, 54
NFKC, 54, 56
NFKD, 54
orthographic word, 1
Plan9, 44
Pointwise Prediction, 9
prefix, 2
Prefix Tree, 63
root, 2
RWC コーパス, 35
sen, 8

SentencePiece, 12–14, 56
ShiftJIS, 55
stem, 2
Structured Support Vector Machine, 109
Sudachi, 79, 126
suffix, 2
syntactic word, 1
TBL, 78
TinySegmenter, 12
Transformation-based learning, 78
Trie, 63
Twitter, 24
UCS, 45, 48, 49
Unicode, 41
UniDic, 7, 30–34, 36, 40, 135, 155
Viterbi, 86

【あ行】
後入れ先出し, 163
言いよどみ, 36
後ろ向きスコア, 114, 171
A*アルゴリズム, 164
枝, 79
エッジ, 63, 79
F値, 150
L2 正則化, 118
L1 正則化, 118
エンコード, 42
オンライン学習, 107, 109, 119

【か行】
回帰評価, 157
解析時未知語処理, 140
拡張隠れマルコフモデル, 97, 121
確率的勾配降下法, 111
隠れマルコフモデル, 94, 110
学校文法, 17, 26, 27, 31

活用, 19
活用型, 19
活用形, 19
活用語尾, 2
活用処理, 3
可能性に基づく品詞体系, 18, 28, 40
完全二部グラフ, 80
擬似トライ, 61, 62
既知語, 139, 145
機能語, 1
逆温度定数, 171
キュー, 163
共通接頭辞検索, 62–64, 72, 83
京都大学テキストコーパス, 25, 40
屈折接辞, 2
グラフ, 79
形態素, 1
形態素解析, 2
形態素解析器, 3
形態素解析システム, 3
形態素断片, 173
言語非依存システム, 93
現代書き言葉均衡コーパス, 23
語, 1
語彙記載項目, 15
語彙項目, 15
語彙素, 30
語彙目録, 15
構造学習, 102, 106, 109, 116, 135
構造化サポートベクトルマシン, 109, 116
拘束形態素, 2
語幹, 2
互換合成, 54
互換分解, 53, 54
語形, 30
語根, 2
コスト係数, 116

コーパス, 23

【さ行】
再現率, 150
最小コスト法, 79
最大エントロピー法, 119
最長一致法, 59, 76, 78
最長接頭辞単語, 61, 62
最尤推定法, 96
先入れ先出し, 163
サーチモード, 8, 9
指示関数, 101
辞書, 15
辞書拡充, 140, 146
辞書形, 30
事前計算, 116
自由形態素, 2
周辺確率, 171, 172
条件付き確率場, 8, 99, 110, 111, 115, 116, 119, 143, 156
書記体系, 50
自立語, 1
スクリプト, 50
スタック, 163
正規結合クラス, 53, 56
生起コスト, 85
正準合成, 54
正準等価, 53
正準分解, 53, 54
正書法的な語, 1
正則化, 117, 118, 136
静的活用展開, 21, 22
精度, 150
制約付き解析, 7, 172, 173
接語, 1
接辞, 2
接頭辞, 2
接尾辞, 2

ゼロコピー, 123
ゼロ頻度問題, 96
全角チルダ, 55
線形サポートベクトルマシン, 9, 130
選択的トライグラム, 120
素性, 15, 100
素性関数, 101–103, 116
ソフトマックス関数, 110
ソフト分かち書き, 168, 169

【た行】
大域素性ベクトル, 102, 136
ダイクストラ, 165
タグ, 24
タグ付きコーパス, 25
束, 79
ダブル配列, 7, 64, 65, 68, 78, 83, 123
単語分割, 3
短単位, 30
短単位認定規則, 30
注釈付きコーパス, 16, 17, 24, 35, 36, 96, 116
超短単位, 22, 150
頂点, 79
適合率, 150
テキスト正規化, 144
デコード, 42
データスパースネス, 99
点予測, 9, 129, 131, 132, 145, 167, 171
統語的な語, 1
同時解析, 162
同時スコア, 162
動的活用展開, 21
動的計画法, 86, 163
特性, 50
トライ, 63

【な行】

内容語, 1
生コーパス, 23
二分ヒープ, 163
ニューラル機械翻訳, 12, 38
ノード, 63, 79

【は行】

バイトペア符号化, 13
パイプライン解析, 162
橋本文法, 17
派生接辞, 2
パーセプトロン, 105, 106, 109, 117, 137
発音形, 30
バッチ学習, 109
パトリシア木, 78
範囲, 50
ビタビアルゴリズム, 86, 110, 120, 126, 166
ビタビ系列, 86
ヒープ, 163
ヒューリスティック関数, 165
品詞, 17
品詞推定, 3
品詞体系, 17, 18, 26, 27, 31, 35, 39, 119, 135, 138, 155
フィラー, 36
復号, 42
復号化, 42
符号化方式, 42–44
符号化文字集合, 41–43
付属語, 1
部分注釈付きコーパス, 176
フレーズペア, 62
ブロック, 50
プロパティ, 50
分割エントロピー, 154
分割正解率, 149, 156
分割の一貫性, 152
分割不一致率, 154
文断片, 173
平均化パーセプトロン, 117
平均化法, 117

【ま行】

前向き後ろ向きアルゴリズム, 115
前向きスコア, 112
前向き DP 後ろ向き A*アルゴリズム, 163
マルチバイト文字列, 42
見出し語, 15
未知語, 139
未知語処理, 76, 139, 140, 145
メモリプール, 124
メモリマップトファイル, 72, 74, 75, 123
文字コード変換プログラム, 43
文字種, 9, 49, 50, 131, 132, 143

【や行】

優先順序付きキュー, 163–167

【ら行】

ラティス, 79
ラプラス平滑化, 96
レキシコン, 15
連語登録, 120, 122
連接コスト, 85
連接表, 8, 90, 91
連想配列, 59, 65
連体詞, 17
ロジスティック回帰, 9, 130

【わ行】

分かち書き, 3

著者紹介

工藤 拓（くどう たく）
1999 年　京都大学工学部電気電子工学科卒業
2001 年　奈良先端科学技術大学院大学情報科学研究科 博士前期課程修了
2004 年　奈良先端科学技術大学院大学情報科学研究科 博士後期課程修了（工学博士）
2004 年　NTT コミュニケーション科学基礎研究所リサーチアソシエイト
2005 年　Google 合同会社 ソフトウェアエンジニア
　　　　現在に至る

言語処理学会のご案内

言語処理学会（英文名：The Association for Natural Language Processing, 略称 ANLP）は，言語処理および計算言語学に関する学際的学問研究の促進をはかり，会員相互間および内外の関連学協会との交流の場を提供し，この分野の学問および産業の進歩発展に貢献することを目的とする学会です．1994年4月1日に設立され，2015年4月1日に一般社団法人言語処理学会となりました．その主な活動は，会誌『自然言語処理』の発行（年4回）と，年次大会（原則として3月）の開催です．

言語処理学会，および，会誌『自然言語処理』に関する最新情報は，下記のウェブページに掲載されています．

学会ホームページ	http://www.anlp.jp/
入会案内	http://www.anlp.jp/guide/admission.html
会誌『自然言語処理』	http://www.anlp.jp/guide/index.html
原稿執筆案内	http://www.anlp.jp/guide/guideline.html

実践・自然言語処理シリーズ
第2巻 形態素解析の理論と実装
© 2018　Taku Kudo
Printed in Japan

2018年9月30日　初版第1刷発行

著　者　　工　藤　　　拓
発行者　　井　芹　昌　信
発行所　　株式会社 近代科学社
〒162-0843　東京都新宿区谷田町2-7-15
電話 03-3260-6161　　振替 00160-5-7625
http://www.kindaikagaku.co.jp

加藤文明社　　　　ISBN978-4-7649-0577-1
定価はカバーに表示してあります．

【本書の POD 化にあたって】
近代科学社がこれまでに刊行した書籍の中には、すでに入手が難しくなっているものがあります。それらを、お客様が読みたいときにご要望に即してご提供するサービス / 手法が、プリント・オンデマンド（POD）です。本書は奥付記載の発行日に刊行した書籍を底本として POD で印刷・製本したものです。本書の制作にあたっては、底本が作られるに至った経緯を尊重し、内容の改修や編集をせず刊行当時の情報のままとしました（ただし、弊社サポートページ https://www.kindaikagaku.co.jp/support.htm にて正誤表を公開 / 更新している書籍もございますのでご確認ください）。本書を通じてお気づきの点がございましたら、以下のお問合せ先までご一報くださいますようお願い申し上げます。

お問合せ先：reader@kindaikagaku.co.jp

Printed in Japan
POD 開始日　2021 年 6 月 30 日
発　　　　行　株式会社近代科学社
印刷・製本　京葉流通倉庫株式会社

・本書の複製権・翻訳権・譲渡権は株式会社近代科学社が保有します。
・**JCOPY** ＜（社）出版者著作権管理機構 委託出版物＞
本書の無断複写は著作権法上での例外を除き禁じられています。
複写される場合は、そのつど事前に（社）出版者著作権管理機構
（https://www.jcopy.or.jp, e-mail: info@jcopy.or.jp）の許諾を得てください。

あなたの研究成果、近代科学社で出版しませんか？

- ▶ 自分の研究を多くの人に知ってもらいたい！
- ▶ 講義資料を教科書にして使いたい！
- ▶ 原稿はあるけど相談できる出版社がない！

そんな要望をお抱えの方々のために
近代科学社Digital が出版のお手伝いをします！

近代科学社 Digital とは？

ご応募いただいた企画について著者と出版社が協業し、プリントオンデマンド印刷と電子書籍のフォーマットを最大限活用することで出版を実現させていく、次世代の専門書出版スタイルです。

近代科学社 Digital の役割

- **執筆支援** 編集者による原稿内容のチェック、様々なアドバイス
- **制作製造** POD書籍の印刷・製本、電子書籍データの制作
- **流通販売** ISBN付番、書店への流通、電子書籍ストアへの配信
- **宣伝販促** 近代科学社ウェブサイトに掲載、読者からの問い合わせ一次窓口

近代科学社 Digital の既刊書籍 （下記以外の書籍情報はURLより御覧ください）

電気回路入門
著者：大豆生田 利章
印刷版基準価格(税抜)：3200円
電子版基準価格(税抜)：2560円
発行：2019/9/27

DXの基礎知識
著者：山本 修一郎
印刷版基準価格(税抜)：3200円
電子版基準価格(税抜)：2560円
発行：2020/10/23

理工系のための微分積分学
著者：神谷 淳／生野 壮一郎／
仲田 晋／宮崎 佳典
印刷版基準価格(税抜)：2300円
電子版基準価格(税抜)：1840円
発行：2020/6/25

詳細・お申込は近代科学社Digitalウェブサイトへ！
URL: https://www.kindaikagaku.co.jp/kdd/index.htm